상사가 열광하는

마법의
보고서

생생한 공무 현장과 경험을 담은 보고서 쓰기 노하우

상사가 열광하는

마법의 보고서

조수현 지음

프롬북스
frombooks

보고서로 상사를 열광시킬 수 있는가?

첫 직장생활을 학연도 지연도 없는 타지의 동사무소(주민센터)에서 시작했다. 대부분 근무 2~3년이 되면 본청으로 순환발령을 받게 되는데, 나는 아무리 열심히 일해도 본청은 고사하고 17년 동안 인근 동사무소로만 발령이 났다. 그래서 오로지 나의 실력으로 본청 입성의 꿈을 이뤄내겠다고 다짐했다.

보고서 작성 능력을 키우기로 했다. 구체적인 실천으로, 매일 신문사설을 읽고 주요 쟁점을 분석하고 요약하여 정리하기를 거듭했다. 그리고 본청에서 하달되는 주요 공문서와 도형, 데이터를 내려받아 유형별로 파일로 관리했다. 본청에 입성하면 일 못 한다는 소리는 절대 듣지 않겠노라 다짐하면서 매일 본청 문서와 동일한 제목으로 보고서를 작성하고 비교하고 또 작성했다. 최대한 완벽한 보고서를 쓰기 위해 노력했다.

본청으로 공문서를 발송할 때도 대충 하지 않고 혼자 다독 다습하며 익힌 실력으로 정성을 쏟아 작성했다. 지성이면 감천이라 했던가. 내가 쓴 보고서가 공식 회의자리에서 최상급자로부터 "매우 훌륭하다"란 칭찬을 받았다. 이 사건으로 17년 만에 드디어 본청 입성의 꿈이 이루어졌다.

본청에 들어간 후 곧바로 과 서무에 배치되었다. 과 서무는 업무와 문서 편집 능력을 인정받은 직원이 배치되는 자리다. 동에서만 근무한 내가 과 서무로 발령받자 본청이 온통 술렁였다. 발탁인사 아니냐며……

보고서는 본청 입성이라는 꿈을 이루게 해주었지만 이곳에서해야 할 일들은 녹록치 않았다. 첫 번째 관문이 기다리고 있었다. 시의회에 제출할 보고서를 작성하는 일이었다.

당시 문서는 대개 'HANA' 프로그램을 사용하여 작성했는데, 시의회에 제출할 보고서는 '아래아한글' 프로그램을 사용하라는 지시였다. 모두 당황할 수밖에 없었다. '한글'을 다뤄본 경험이 거의 없었기 때문이다. 다행히 나는 이미 사용해본 경험이 있어 첫 관문을 무사히 통과했다. 뿐만 아니라 부서 직원들 보고서까지 도맡아 작성해주었다. 덕분에 동료들과 우호적인 관계를 맺을 수 있었고, 시의회에까지 유능한 직원으로 입소문이 났다.

본청 근무 5년째, 핵심 멤버만 근무한다는 기획실로 발탁되었다. 시청의 수뇌부인 기획실로 여성이 발령받은 경우는 내가 처음이었다. 동료들은 또 술렁였고, 임원들마저 한 달도 못 버틸 것이라고 뒷담화를 했다.

나는 모두의 예상을 5년이라는 숫자로 무너뜨렸다. 한 달도 채 못 버틸 것이라 예상됐는데 당당히 5년이란 기간 동안 기획실의 핵심 멤버로 주요 업무를 도맡아 수행했다.

누구도 나를 두고 여성인데다 검정고시 출신이라고 무시하지 않았다. 최상급자마저도 전 직원이 모인 자리에서 기대 이상의 성과물을 내고 시 경쟁력을 드높였다며 칭찬해주었다. 오십 넘어 석사학위를 취득한 학구파였던 나는 성과나 추진력 모든 면에서 동료들과 외부기관 단체장 모두로부터 인정을 받았다.

기획실 초년생이 핵심 업무를 도맡아 하고, 하는 일마다 성과물이 쏟아지고, 중앙부처의 표창장을 휩쓸면서 임원들은 열광했다. 선배들이 싫어하는 업무를 나의 기회 삼아 능력을 발휘했다. 평소에 준비가 되어 있었기에 가능한 일이었다.

직장인이라면 누구나 조직에서 실력을 인정받고 승진 기회를 놓치지 않기를 바란다. 그래서 야근도 하고, 동호회 활동도 하고, 자기계발을 한다. 여기서 잊어서도 빠뜨려서도 안 되는 것은 '보고서 잘 쓰는 유능한 직원'이 되는 것이다.

"보고서에도 영혼이 있다. 영혼 없는 보고서는 상사에게 감동을 줄 수 없다. 고로 어떠한 성과물도 기대할 수 없다."

당신도 상사가 열광하는 보고서를 작성할 수 있다. 이 책을 상황을 이해하면서 소설처럼 끝까지 읽어보라. 보고서를 왜 써야 하는지, 상사가 좋아하는 보고서는 어떤 것인지 자신도 모르게 가장 쉽게 학습하게 될 것이다.

◆ ◆ ◆

"돈을 쓰지 않고도 내가 가진 지식과 능력, 욕망과 열정을 마음 껏 펼칠 수 있게 해주는 가장 좋은 도구가 보고서다."

지난 40여 년간 내가 동료들에게 주문하듯 외쳐왔던 말이다. 보고서는 직장에서 스스로를 어필할 수 있게 해주는 업무 능력 그 자체다. 자신의 가치를 높이는 데 중요한 역할을 한다.

직장인이라면 누구나 생각한다. 직장생활을 잘하고 싶다. 보고 서를 잘 쓰고 싶다. 직장에서 인정받고 싶다. 그렇지만 보고서를 어떻게 써야 할 줄 모르겠다는 분들의 고충을 이 책을 통해 조금 이나마 덜어드리고자 한다.

"왜 보고서를 작성하는가?"

"업무를 추진하기 위해서."

물론 맞는 말이다.

그저 보고서를 써야 하니까, 나에게 주어진 업무니까, 하고 접 근할 때 문제가 생긴다. 피할 수 없으면 즐기라는 말이 보고서 쓰기에도 해당한다. 보고서라는 단어 자체가 유쾌하지는 않다.

보고서 하면 선입견 같은 심리가 작용되어 짜증부터 난다. 보고서 작성의 중요성과 이해도가 부족하기 때문이다.

이 보고서를 왜 쓰는가? 쓰지 않으면 안 되는 이유가 있는가? 이 보고서를 쓰는 것이 단순히 상사를 위한 것인가? 업무를 추진해야 하기 때문에 하기 싫어도 작성하는 것인가? 자문자답해 보자. 내가 이 보고서를 작성함으로써 많은 사람들에게 유익을 가져다줄 것이다, 내게 보람을 줄 것이다, 하고 스스로 해답을 찾는 시간을 갖는 것이 중요하다.

보고서를 단지 종이로만 생각하면 문제를 극복할 수 없다. 인식의 전환이 필요하다. 직장에서 보고서는 언제 어디서나 함께하는 휴대폰처럼 필수다. 또한 보고서를 사회적인 관점에서 이해해야 한다. 보고서는 사회활동에서 일어나는 모든 현상을 담아내는 그릇이 되어야 하기 때문이다.

직장인의 필수품이 되어버린 보고서, 이 보고서를 잘 쓰기 위해서는 어떤 자질과 덕목을 갖추어야 하는가? 어떤 기술이 필요한가? 직장 내 상사와 동료 간의 인간관계에서 일어나는 심리전이 보고서에 어떤 영향을 미치는가? 나는 직장생활의 다양한 상황들을 통해 보고서 작성에 대한 이해와 학습에 도움이 되고자 이 책을 썼다.

1장은 보고서를 왜 작성하는지 그 이유와 중요성을, 2장은 보고서 쓰기가 어렵다고 하는 이유를 경험담과 사례를 들어 풀어

보고자 했다. 3장은 직장생활에서의 보고서 작성을 위한 자질과 덕목에 대해, 4장은 상사가 열광하는 보고서란 어떤 것인가에 대해 설명했고, 5장과 6장은 보고서 작성의 비법과 사례를 통해 실무에 적용할 수 있게 하였다. 스스로 점검하며 훈련과 연습을 할 수 있도록 하였다.

　나아가 40년 공직생활의 경험담을 통해 보고서를 잘 쓰는 것만큼이나 조직에서 상사와 동료 간의 인간관계와 상호 관계성이 중요하다는 사실을 말하고자 했다. 그 해법을 사례를 통해 찾아보고자 했다. 이 책을 읽으면서 "아하, 그때 그래서 그랬구나!" "아하, 이럴 땐 이렇게 해야 했구나!" 하며 그때그때 상황을 이해하고 노하우를 습득하기를, 그래서 더 나은 보고서를 작성하기를 바란다.

4장 상사가 열광하는 보고서

5장 세상에서 가장 쉬운 보고서 작성법

6장 좋은 보고서의 작성 사례

1장

왜
보고서를
쓰는가?

1   보고서를 쓰는 이유

 주변 사람들에게 보고서를 왜 써야 하는지 아냐고 물어보면 잘 모르겠다는 대답이 의외로 많다. 일만 잘하면 되지 보고서까지 잘 써야 하냐는 얘기다. 그러면서 술자리나 식당에서 만나면 보고서 때문에 상사한테 한소리 들었다, 엄청 깨졌다는 얘기를 많이 한다. 밤을 꼬박 새워 나름 잘 써 갔는데 대뜸 한다는 소리가 "이걸 보고서라고 써왔어!", "문제가 뭔지 알고 작성한 거야!", "학교 어디 나왔어!"란다. 머리끝까지 치밀어 오르는 분노를 간신히 참았다고 한다. 그러면서 "결재판을 던지고 나와버리려고 했다"라며 울분을 터뜨린다. 도대체 보고서가 뭔데 그렇게까지

부하직원을 쥐 잡듯 하면서 모멸감을 주는지, 정말 보고서가 뭔지, 웬수 같은 보고서, 하소연을 한다.

보고서가 뭐라고 생각합니까? 왜 보고서를 잘 써야 한다고 생각합니까? 물으면 당신은 어떻게 대답하겠는가. "업무의 기본이기 때문이다." 맞는 말이다. 또 어떤 답이 있을까? "보고서를 잘 쓰는 사람은 직장에서 인정받고 기회를 얻는다. 승진도 빠르게 한다." 그렇다. 모두 맞는 말이다. 대부분의 직장에서 보고서 작성 능력은 직장인이 갖춰야 할 가장 기본적인 소양이자 의무라고 해도 과언이 아니다.

최근에는 상황이 조금 달라졌지만 여전히 공무원 지원자 중에 대졸 학력자가 많다. 그러나 90년대 이전까지만 해도 공무원은 생활고로 대학 진학이 어려운, 그럼에도 학교에서 공부 좀 했던 젊은이들이 많이 지원했다. 그러다 대졸자들의 취업난이 심해지면서 공무원 지원자의 사회적 위치가 달라졌다. 2000년대 초반까지만 해도 대졸 출신이 공무원으로 들어오면 대졸이라는 그 자체만으로 유능한 인재로 분류되었다. 대졸 신입을 대하는 상사들의 태도도 달랐다. 그러나 대졸 직원들의 업무 처리 능력이 기성세대에 미치지 못함이 경험되면서 간부 공무원들의 시선도 달라졌다. 학력이 실무능력을 대변하지는 못한다는 사실을 체감했기 때문이다.

대졸 직원들도 나름 푸른 꿈을 갖고 입사했는데 실제로 일해보니 제재도, 검토해야 할 법령과 업무도 의외로 많아 섬세하게 일하기가 어렵다. 그럼에도 업무를 빨리 추진하려 하다 보니 상사의 질책과 민원이 많이 발생한다고 한다. 또 직원들은 왜 그렇게 현장 확인할 사항들이 많은지 모르겠다며 고충을 털어놓는다. 편하게 사무실에서 펜만 굴리다가 정시에 퇴근하는 줄 알았던 공직생활이 무척 힘겹다고 한다. 정년까지 버텨온 선배들이 존경스럽다고도 하고 무능하게 보인다고도 한다.

그러면서 조금만 불편해도 제도적인 문제로 몰아가면서 불만을 터트린다. 왜 이 사안이 그토록 복잡한지에 대해 생각하기를 꺼린다. 복잡한 것이 싫다. 1+1=2처럼 명확한 답이 있는데 왜 그렇게 꼬이고 복잡하게 풀어가는지 도무지 모르겠다고 말한다. 보고서를 '사회적 관계'에서 접근하지 못하니 어려운 것이다. 이러한 젊은세대에게 국가관과 책임관, 민생관에 관해 이야기하면 "팀장님도 다 똑같이 꼰대"라며 들으려 하지 않는다.

그러나 들어야 한다. 경험자의 이야기와 조언을 많이 듣고 배워야 한다. 선배들의 보고서를 살펴보고 왜 이렇게 추진되어야 하는가를 이해하고 분석해야 한다. 선배들이 작성한 보고서의 정책과 제도를 통해 현재가 만들어졌을 뿐만 아니라 그것들이 곧 미래의 기반이 되어주고 있다는 점을 잊어서는 안 된다. 보고서를 작성하지 않고서는 혁신이며 제도 개선, 사업 창출 등 그 어떠한 행위도 시도할 수 없다는 것을 알아야 하고 인정해야 한다. 보고서는 선택의 문제가 아니다.

 이젠 시시콜콜하게 왜 보고서를 작성해야 하는지에 대해서 논하지 말자. 그저 일상적으로 나의 실력으로, 나의 능력으로 표현하는 글이라고 생각하고 편하게 다루어야 한다. 그 글이 모여 좋은 제도, 좋은 정책을 수립한다. 그리고 더 좋은 세상, 더 편한 세상을 만든다. 나아가 보고서를 쓰는 자신에게는 보람과 자긍심을 가져다줄 것이다.

 나는 내가 쓴 보고서가 시정에 반영되어 시민 삶의 질이 높아지고 불편사항이 해결되는 것을 많이 보면서 보람과 자긍심을 갖는다. 보고서를 완성하기까지는 많은 고뇌와 노력이 필요했지만, 반영된 정책을 보면서 야구선수가 홈런을 쳤을 때 느꼈을 법한 통쾌함과 만족감을 느낀다.

 구인구직 플랫폼 '사람인'이 직장인 1,227명을 대상으로 설문조사한 결과를 살펴보자(2021.8). '보고서 작성 능력이 개인역량 평가에 중요한 역할을 한다'에 53.4%가 응답했다.

 '역량 평가에 보고서가 중요하다고 생각하는 이유'에 대하여는 ① 보고서를 잘 쓰면 업무도 잘 한다는 인상을 줘서가 52.4%(복수응답)로 가장 많았고, ② 기업 내 커뮤니케이션 역할이기 때문에가 50.8%, ③ 보고서 없이는 서로 업무 파악이 어렵기 때문에가 33.4%, ④ 상사와 직접 대면할 수 있는 기회라서가 12.1% 순으로 나타났다.

설문조사 결과에서도 나타났듯이 '보고서를 잘 쓰면 일도 잘한다'는 인식이 보편적이다. 내가 이 장에서 말할 '보고서 작성 이유'를 입증하는 조사이기도 하다.

나는 여기서 보고서를 작성하는 이유 다섯 가지에 대해 말하고자 한다. 그것은 곧 ① 업무를 빨리 추진하기 위해서, ② 직장에서 인정받기 위해서, ③ 자신의 능력을 보여주기 위해서, ④ 상사를 만족시키기 위해서, ⑤ 업무 추진 과정이나 성과물을 기록하여 보존하고, 업무의 연속성을 유지하기 위해서이다.

2
업무를 빨리 추진하기 위해서

한 장짜리든 열 장짜리든 보고서 작성은 업무 수행에서 필수적으로 갖춰야 할 요건이고 요식행위이다. 업무를 더욱 체계적으로, 한시적이 아니라 지속성을 갖고 관련 부서 및 관련 업무와 연계하여 추진하기 위해서는 그 근거가 되는 매개체가 필요하다. 그 매개체가 바로 '보고서'다. 특히 보고서는 업무를 빨리 추진하기 위해서 작성한다.

B직원은 평소 보고서에 대한 스트레스가 심했다. 업무 처리 또한 밀리기 일쑤였다. 그러던 어느 날 화가 몹시 났는지 A상사에

게 따지듯이 말했다. "다른 직원은 구두보고를 해도 아무런 질책도 없이 보고받고 지시하고 일을 추진하게 하는데 왜 유독 나에게만은 종이 보고서를 써 오도록 하는지 이해가 안 갑니다."

그러자 상사가 물었다.

"혹시 대통령 보고서 작성법에 대해 한 번이라도 읽어보았는가?"

B는 "아뇨"라고 대답했다.

A는 B가 보고서를 왜 작성하는지 전혀 이해하지 못하고 있으며, 이해하려고 하거나 알아보려고 하는 노력조차 안 한다는 생각이 들었다. 사실 A는 애정 어린 마음으로 B가 다른 직원보다 더 잘하길 바라서 그동안 지적했었다. A는 B를 그렇게 가르쳤고, 스스로 깨닫기를 바랐다. 그런데 그런 자신의 뜻을 알지 못하니 안타까웠다.

A는 B에게 "다른 직원이 보고서를 작성하지 않고 구두보고만으로 업무를 처리한 경우는 아주 단순하고 대수롭지 않은 사안들이다"라고 예를 들어 설명해주었다.

단순한 진행상황 체크

"오늘 W경로당 방문하는데 ○○님을 초대해도 될까요?"

"회의 참석자 모두 식사하는 걸로 할까요? 아니면 참석자는 다음에 하고 회장님만 모실까요?"

"○○식당 ○○메뉴로 할까요?"

타 기관의 행사

"○○동은 경로잔치를 다음 주 수요일 오전 10시에 ○○공원
에서 한다고 합니다."

(그러면 상사는 "알았다" 하고 일정표에 표기하여 관리한다.)

간단한 동향보고는 보고전에 하거나 보고서식 없이 구두보고
로 한다. 다만, 타 동의 경로잔치는 구두보고 정도에 그치지만 우
리 동의 경우는 서면보고가 바람직하다.

계속 반복해서 추진하고 있는 업무

"오늘 고철을 10kg 수거했습니다."

고철 수거처럼 계속해서 하고 있는 업무는 보고서 없이 진행상
황만 구두보고로 할 수 있다. 이때 유의할 점으로, 상사가 고철
수거 내용에 대해 알고 있는 상황에서는 구두보고를 하지만 그
렇지 않은 경우는 서면으로 보고하는 것이 바람직하다.

보고서 작성 능력은 하루아침에 이뤄지는 것이 아니다. 보고서
작성에 숙련된 상사도 막상 쓰려고 하면 긴장되고 고민될 때가

많다고 한다. 하물며 신입이나 경험이 많지 않은 직원에게는 보고서 쓰기가 더욱 어렵게만 느껴질 것이다. 그래서 보고서 작성을 불필요한 작업이라고까지 생각하는 사람도 있다.

결실을 얻기 위해서는 씨를 뿌리고 물을 주는 과정에서 시기를 제대로 맞추어야 한다. 그렇지 못하면 열매가 썩거나 말라 땅에 떨어진다. 마찬가지로 보고서도 적시에 작성하여 적시에 보고해야 그 기쁨의 열매를 수확할 수 있다. 모든 이치가 자연의 섭리와 연결되어 있다. 보고서 작성 시기에 따라 업무 추진의 흐름도 각기 다른 양상으로 나타난다.

보고서를 적시에 작성하면 정책이나 민원 해결을 위한 의사결정을 조속히 할 수 있고, 빠른 대안을 마련하여 조기에 마무리할 수 있다. 그러나 시기를 놓친 보고서는 기록과 보존의 기능 외에 가치가 없는 보고서가 된다. 보고서가 늦게 제출되는 바람에 문제해결을 위한 의사결정을 적시에 하지 못해 업무 추진을 빠르게 진척시키지 못하기 때문이다. 또한, 문제해결을 위한 접근이 늦어지면서 고객의 불신을 초래하게 된다.

고심해서 만들었는데 지적만 당하고 한 번에 결재를 받지 못해 며칠째 야근하고 있다는 하소연을 자주 듣는다. 이런 경험과 스트레스를 겪는 많은 직장인이 보고서 작성을 비창의적이고 비능률적이고 비생산적이고 비효과적이라고 말한다. 그러면서 "보고서를 왜 작성해야 하느냐"고 묻는다.

답은 질문 속에 있다. 보고서 작성의 가장 중요한 목적은 빠른 의사결정으로 조속한 업무 추진과 문제해결을 하는 데에 있다. 문제점과 원인, 해결책 등을 빨리 파악할 수 있어 빠른 의사결정을 할 수 있고, 일 처리를 원활하고 신속하게 추진할 수 있게 해준다는 것이다. 그리고 업무의 연속성과 기록물의 보전을 위해서다. 또한 잘 된 보고서는 상호 의사소통을 매끄럽게 해준다.

3

인정받기 위해서

보고서는 직장에서 상사로부터, 동료로부터 인정받기 위해서 작성하기도 한다. 어떤 직원은 건수만 생기면 말로 보고해도 될 사안을 굳이 종이 보고서를 작성해서 보고한다. 소소한 일들도 보고한다. 일반적으로는 처음 기획을 하거나 계획을 수립할 때만 보고서를 작성하고 중간보고는 생략하는 경우가 많다.

굳이 그럴 필요가 없는 경우에도 건수를 만들어 상사에게 자신의 능력을 인정받기 위해 보고서를 작성해 보고하거나 결재를 받으러 간다. 상사에게 내가 이 직장에서 어떤 업무를 하고 있고, 얼마나 이바지하고 있는지, 얼마나 중요한 일을 하고 있는지, 얼마만큼의 성과를 거두었고 수익 창출(예산 확보 등)에 이바지하였는지 등 나의 성과와 능력을 인정해달라는 암묵적인 행위로 활용되는 것이다.

하지만 이러한 작은 소망과 희망을 무참히 짓밟는 상사도 많다. 어떤 상사는 보고서가 자신의 성향에 맞지 않거나 자신이 생각하는 방향으로 작성되어 있지 않으면 모욕적인 언어를 무자비하게 내뱉는다. 그러면 부하직원은 인격적인 모욕을 느낀다. 그런데도 왜 참고 있느냐고 물어보니 "사는 게 뭔지, 목구멍이 포도청이니 어쩌겠어", "내가 부족해서 듣는 질책이려니 참는 거지", "견디어 온 세월이 아깝잖아" 하고 말한다.

여기서 잠깐, 상사들이 내뱉는 언어가 어느 정도이기에 인격적인 모욕까지 느끼는 걸까? 상상 초월의 말들을 들어보자.

"너, 이따위밖에 못 하냐?"

"학교 어디 나왔어? 그동안 뭘 배웠어?"

"이거밖에 안 돼?"

"이걸 읽으라고 가져온 거냐? 눈 있으면 한번 봐."

"하고 싶은 말이 뭔데?"

"능력 없으면 집에나 가. 이곳에 들어오고 싶은 사람은 많아."

"자진해서 다른 부서로 가든지."

"일을 못 하면 눈치라도 있어야지?"

"머리가 안 돌아가면 날밤을 새워서라도 노력하는 흉내라도 내야지."

"이걸 보고서라고 작성해 왔냐?"

"누굴 바보로 아나?"

"누굴 엿 먹이려고 이렇게 작성했어?"

"당신이라면 이런 걸 보고하고 싶겠어."

"창피해서 보고할 수가 없다니까?"

이 외에도 질책의 표현은 수없이 많다.

보고서는 어떤 상황이나 내용, 계획과 결과에 대해 자기 생각과 논리를 상대방에게 전달하는 것이다. 보고서를 보면 작성자가 가진 생각의 깊이, 업무 수행 능력, 태도 그리고 성격까지 파악할 수 있다. 어떤 생각으로 얼마나 깊이 있게 분석했고, 어떻게 진행하려고 하는 것이며, 어떤 자세로 업무에 접근하고 있는지 보고서를 통해 알 수 있기 때문에 보고서를 작성자의 업무 능력과 인성을 평가하는 기준으로 삼기도 한다.

내가 아는 H상사는 직원들의 직무평가를 할 때 평정기간에 소속 직원이 일을 얼마나 했는가, 동료 간에 여론은 어떠한가, 부서 간 협조를 원활하게 진행했는가 등을 종합적으로 평가한다고 한다. 그럼 "일을 얼마나 했는가에 대한 기준을 어떻게 판단하나요?"라고 물어보자 H는 "직원들을 평가하려고 이런 것들을

다 모아둔다네" 하면서 부서별로 작성한 보고서, 보고전, 신문철, 기타 관련 자료들을 보여주면서 자랑스럽게 설명해주었다. 그 관련 자료는 다음과 같다.

· 보고서를 몇 건 작성해서 보고했는가?
· 결재 문서(기안)를 몇 건 작성했는가?
· 연가, 병가, 조퇴, 결근을 몇 회 사용했는가?
· 시책 개발이나 제안은 몇 건 했는가?
· 시상 건수가 몇 건인가? (지자체, 도청, 중앙부처, 민간기관)
· 상급기관으로부터 예산 확보를 한 실적이 있는가?
· 언론보도 자료를 몇 건 작성했는가? 실제 보도된 자료는 몇 건인가?
· 홍보물 제작은 몇 건 했는가?
· 조례 제정 또는 개정한 실적이 있는가?
· 중앙부처 및 대외활동을 위해 건수와 실적은 있는가?

이와 같은 데이터가 직원을 평가하기 위한 객관적 자료가 된다고 한다. 여기에도 보고서 작성의 건수가 평가 자료가 되어 있음을 알 수 있다. 이렇듯 보고서 작성은 자신의 업무 능력을 어필하는 도구로서 중요한 자산이 되는 것이다.

Case A. G팀장의 승진심사

Y시 인사위원으로 참여하여 G팀장의 승진심사를 한 적이 있다. 승진심사는 인사과장 후보자들의 개인별 성과평가 내용과 특이사항을 설명하고 심사에 반영하도록 한다. 특별히 개인의 결격사유가 없는 한 근무경력을 우선순위로 한 순위표에 의해 결정된다. G팀장은 동일직군 후보군에서 1순위이고 여성이었다. 나는 여성 우대 차원에서 후보자가 1순위이고 결격사유도 없으니 그대로 승진 가결하자고 했다. 그러나 최상급자, 즉 인사위원장의 판단은 달랐다.

이유인즉 인사위원장은 "내가 이 자리에 와서 재직하고 있는 1년 6개월 동안에 G팀장이 결재서류를 가져와서 결재 받은 서류가 한 건도 없었습니다. 나는 이런 직원을 승진시킬 수 없습니다"라고 심의위원들에게 선포하듯 말했다. 잠시 정적이 흘렀다. 당사자는 근무경력으로 최고 선임자가 되어 승진 후보로 올랐으니 당연히 승진심사에 통과할 것으로 믿고 있을 것이었다. 참으로 난감한 상황이었다. 그러나 다섯 명의 인사위원은 누구 하나 위원장의 말에 반박할 수가 없었다. 보고서나 결재서류 한 번도 작성하지 않는 G팀장을 무임승차격의 승진을 시킬 수는 없었기 때문이었다.

4
능력을 보여주기 위해서

당신은 부서에서 동료로부터, 상사로부터 어떤 피드백을 듣고 싶은가?

"○○님께 일을 맡기면 아주 든든해요."

"믿고 맡길 수 있겠어."

"이것까지 생각했어? 생각 많이 했네."

"아주 좋아."

"뭘 해도 잘하겠어. 우리 부서 보배야!"

"이런 자료 어디서 났어?"

"고마워."

"수고했어."

"잘 부탁해."

"이번에도 탑이야."

보고서는 직장에서 자신의 능력을 어필할 수 있게 해주는 가장 큰 무기이자 유용한 도구이다. 특별히 돈을 투자하지 않고도 지적 능력을 활용하여 자신의 능력을 과시할 수 있게 해주는 무형의 자산이다. 보고서라는 종이 위에 지식을 투자하는 것이다.

남들과 비교할 수 없고, 누가 살 수도 없다. 이를 잘 다듬어 활용하면 자신의 역량을 발휘하여 인정을 받을 수 있다. 얼마나 멋진 작업인가? 상상할수록 매력적이고 짜릿한 쾌감을 느끼는 작업이다.

잘 작성된 보고서는 내용은 풍부하면서도 상사가 필요로 하는 핵심 내용과 데이터가 포함되어 있다. 그렇다면 상사가 필요로 하는, 상사의 취향에 맞는 보고서는 과연 어떤 것일까?

상사가 결재한 서류들을 확인해보자. 보고서의 글씨체와 분량은 어느 정도인가? 문장의 구성과 흐름, 틀은 어떻게 작성되었는가? 유형을 분석하고 연습해보자. 연습을 거듭하다 보면 본인만의 노하우를 발견하게 될 것이다. 그리고 어느 순간 자신도 모르게 창의적이고 차별화된 보고서를 작성하고 있는 자신을 발견하게 될 것이다. 이를테면 상사가 생각지도 못한 영역까지도 언급해서 상사를 흥분하게 하는 보고서를 작성할 수 있다. 상사 역시 최상급자를 만족시킬 수 있는 보고서를 원하기 때문이다. 최상급자에게 보고하고픈 충분한 자료가 포함된 보고서라면 어찌 만족하지 않을 수 있겠는가? 상사는 언제나 최상급자에게 보고할 건수를 원한다.

그럴 만한 보고서가 아닐 경우는 담당자가 보고하도록 하거나 보완 지시를 한다. 이런 경우는 재빨리 부족한 부분이 무엇인지 찾아 보완하고 이른 시일 안에 다시 보고해야 한다. 한데 아무리 봐도 어디가 부족한지를 모를 때가 있다. 이때는 상사에게 직접 물어보는 것이 가장 바람직하다. 흔히 상사에게 직접 물어보는 것을 꺼리거나 어려워하는데 그럴 필요 없다. 내가 아는 H상사는 어떤 안건이든 상의하러 오는 직원이 더 정감이 가고 인간적으로 느껴져 더욱 자상하게 가르쳐주고 이끌어주고 싶어진다고 말한다. 그러나 J직원은 마음은 그렇지 않은데 왠지 상사라는 그 자체가 어렵게 느껴져서 쉽게 물어보기 어려워 망설일 때가 많다고 한다. K직원도 "이런 것도 몰라"라고 질책당할까봐 직접 물어보는 것이 싫고, 자존심 상한다고 속내를 털어놓는다. 그런 직원들에게 나는 "두려워하지 마세요. 좀 더 적극적으로 자신의 매력을 어필하세요"라고 조언하고 싶다.

상사가 늘 뒤에서 지켜보고 있다는 것을 명심하자. 소극적이고 부정적인 마음과 자세로 일하는 직원에게 상사는 적개심을 갖게 되고, 둘 사이에 좋은 인간관계가 형성되지 않는다. 상사는 직원이 수정한 보고서를 가져와도 자신도 모르게 시큰둥해져 있고 좋은 마음으로 결재하기가 어렵다고 한다. 그래서 다시 보완 지시를 하거나 결재를 하긴 하지만 썩 내키지 않고 어쩔 수 없이 하는 경우가 많다고 한다.

상사가 직원에게 좋은 감정을 갖지 않으면 매사 직원이 업무 처리를 할 때 최상급자에게 가는 길을 막는다. 다시 말해, 보고서가 최상급자에게 가지 못하도록 결재 체계를 상사 본인 전결로 종결시키거나, 전결 규정으로 인해 어쩔 수 없을 경우는 상사 본인이 직접 최상급자에게 결재받는다. 상사가 매사에 이렇게 직원의 능력을 어필할 기회를 박탈하면 직장 다니기가 정말 싫어질 것이다. 이것은 직장생활의 한 단면에 불과한 예이다. 그만큼 직장생활에서의 인간관계는 보고서 작성만큼이나 중요하다. 직원은 자신이 열심히 준비한 보고서에 대해 최상급자에게 자랑도 하고 싶고 충분하게 설명하고 어필하여 자신의 능력을 인정받고 싶은데 상사의 개인 감정 때문에 차단될 때가 종종 있다. 이런 경우 마음만 아프고 기분 나쁘지만 어떻게 항의할 수 있는 사항이 아니다. 항의할 명분이 달리 없기 때문이다.

그렇다고 직장생활에서 이렇게 아프게 하는 상사만 있는 것은 아니다. 직원을 격려하고 최상급자에게 직원의 능력과 노력이 어필되도록 도와주고 상황을 만들어주는 좋은 상사도 있다. 예를 들면, 최상급자의 관심사에 대해 정보가 빠른 상사는 직원에게 업무 추진에 도움이 되는 방향을 제시하면서 최상급자에게 꼭 보고하도록 한다. 이 외에 애써 최상급자까지 보고할 필요도 없는 사안인데도 보고하도록 한다거나 결재를 올리는 경우는 상사가 직원을 특별히 챙겨주는 것이며, 또 그 보고서가 분명 만족할 만큼 탐나는 보고서이기 때문이다. 다시 말해, 상사가 직원의 능력을 인정하고 있기 때문이다.

5

상사를 만족시키기 위해서

직원들에게 "보고서를 왜 작성하십니까?" 하고 물어보면 많은 이들이 "상사를 만족시키기 위해서" 혹은 "상사가 좋아하니까"라고 대답한다. "업무상 필요하니까"라고 대답하는 직원도 있다. 모두 맞는 말이다.

보고서를 작성하는 여러 이유와 목적 중에는 빠른 의사결정으로 업무를 속히 추진하여 상사를 만족시키려는 것도 있다. 여기서 상사가 만족하는 보고서를 작성하기 위한 비결은 무엇일까라는 질문이 생긴다. 보고서로 상사를 만족시키려면 먼저 최상급자의 정책 방향과 업무 추진 스타일(취향)을 파악해야 한다.

예를 들면, 보고서의 분량은 보고 대상자에 따라 달리하여 작성해야 한다. 여러 장의 보고서일 때 A4 절반 분량의 요약전을 보고서 앞면에 첨부하면 상사가 보고서를 쉽게 파악할 수 있어 좋아한다. 이를 테면 직원이 30쪽짜리 보고서를 작성했다면, 바로 위 상사에게는 요약전을 첨부하고 한 장 한 장씩 넘기면서 구체적으로 보고한다. 국장급 이상 임원진에게는 2~3쪽 이내로 축약한 보고서를 2부 작성하여 1부를 제공한다.

· 바로 위 상사(팀장급): 30쪽을 한 장 한 장 넘기면서 보고

· 과장급: 워드 10쪽 이내로 요약보고

· 국장급 이상 임원진: 2~3쪽으로 압축하여 보고, 10쪽 부록
  자료 제공

· 최상급 의사결정자: 1쪽 정도로 보고

보고서를 임원진에게 제공한다는 것은 그만큼 보고 내용에 자신감이 있다는 것이다. 또한 상사에게는 자신이 결재한 보고 내용을 확보하고 있다는 안도감을 주어 신뢰를 이끌어낼 수 있다. 임원진은 이러한 직원을 신뢰하고 만족해한다.

상급자에게 보고하러 갈 때는 반드시 요약보고서와 함께 기존 30쪽짜리 보고서를 지참해야 한다. 간혹 30쪽 보고서 없이 요약보고서만 가지고 가서 보고하는 경우에 상사가 원안을 보고자 하거나 구체적인 데이터를 질문하면 당황하게 되어 퇴짜 맞는 일도 발생한다.

상사는 어떤 보고서 서식을 좋아할까? A4로 할 것인가, (A4, A3) 접이식 보고서로 할 것인가, 한 장짜리 보고서로 할 것인가 등 보고 대상자에 따라 보고서의 분량과 서식을 달리하여 더욱 효과적으로 상사를 만족하게 해야 한다.

상사가 좋아하는 글씨체는 어떤 걸까? 바탕체, 휴먼명조, 중고딕……. 상사의 성향에 따라 다른 글씨체를 사용해야 한다. 상사의 심리를 활용하는 것이다.

상사는 과거 자료와 최신 자료를 비교해서 성장 속도나 성과 등의 비교분석 자료가 있는 경쟁력 있는 보고서를 좋아한다. 국외 자료를 분석해서 제시하면 더 좋다. 보고서 작성 시 사진이나 그래프 등을 비교 자료로 적극적으로 활용하는 것도 좋은 방법이다.

근거 법령을 제시할 때도 개정 사항이 있는 법령이 있는지 확인하고, 시책이나 정책 개발 보고서의 경우에 유사한 시책이나 정책이 어느 곳에서 시행되고 있는지를 확인하여 제시한다면 상사는 매우 흡족해할 것이다. 나아가 결론으로 효과 창출과 문제점에 대한 대책안을 마련해서 제시하면 더욱 만족스러운 보고서가될 것이다.

6

기록 보존 및 업무의 연속성을 위해서

보고서는 업무 기록의 보존 및 지속적인 관리와 업무의 연속성을 위해서 작성한다.

보고서는 추진한 일의 결과나 과정을 기록으로 남기고 보존하여 업무가 사장되지 않고 연속성을 갖고 진행되도록 해준다. 또 업무 추진 과정을 기록 보존하여 사후 관리나 향후 행정절차 수행에 있어 중요한 사료가 되는 기록을 보존 유지해준다.

보고서는 본질적으로 추진계획의 방향성과 실행 방법을 구체적으로 제시하거나 설정하기 위한 의사결정의 도구이자 기초 작업이다. 새로운 메뉴를 개발하거나 정책을 수립하기 위해서, 민원을 해결하고 제도를 개선 및 제안하기 위해서, 수익성 분석을 위해서도 작성한다. 이 외에도 타 부서와 연계할 업무 지침을 마련하기 위해서 작성할 때도 있다. 다년간에 걸쳐 추진할 사업에 대한 업무의 지속적인 관리와 책임 소재를 분명히 하기 위해 작성하기도 한다.

이렇듯 보고서는 상황 변화에 따라 다각적으로 활용되는 중요한 업무 지침서 역할을 한다. 따라서 보고서는 작성 기준 시점이 명확히 제시된 정확한 데이터를 필요로 하며, 문제의식을 느끼고 정확한 근거를 기반으로 분석되고 작성되어야 한다.

보고서가 단순히 개인의 업무 능력 평가와 승진을 위한 처세 도구로 활용되어서는 안 된다. 보고서는 국민(시민)의 복지와 삶의 질을 높이고 그들의 생명과 안전을 유지해나가는 중요한 정책 자료가 된다는 점을 유념하여 자긍심과 책임감을 느끼고 작성하여야 한다. 그런 만큼 보고서 작성의 중요성은 늘 강조되어야 한다.

7
보고서도 첫인상이 중요하다

보고서는 보여주는 문서이다. 상사는 이 보고서를 보고 보고자의 실력과 마인드를 평가한다. 상사가 보기에 친근감이 가고 '깔끔하다', '잘 구성되었다'고 판단되는 보고서가 있는가 하면, 내용을 읽기도 전에 성의 없이 작성되었다는 느낌을 주는 보고서가 있다. 상사는 성의 없는 보고서를 만날 때면 대충 읽거나 아예 읽어보지도 않고 보완 지시를 내리거나 질책한다.

그러면 부하직원은 자신의 잘못이나 무능력을 돌아보는 대신 상사의 성격 탓을 하거나 오히려 상사가 알지 못하면서 질책한다고 불만을 토로한다. 그렇다고 결재를 안 받을 수는 없으니 이럴 때 어떻게 해야 하냐고 묻는다.

그렇다. 보고서를 잘 쓰면 된다. 그런데 보고서를 잘 쓰려면 어떻게 해야 할까? 관련 책을 읽거나 전임자나 직상급자의 도움을 받거나 잘 쓰인 문서, 칭찬받은 문서를 보고 꾸준히 연습하는 노력이 필요하다.

보고서도 첫인상이 중요하다. 처음 보는 보고서가 빽빽하고, 줄 간격이 고르지 않고, 오탈자가 눈에 들어오면 일단은 신뢰가 가지 않는다. 내용도 중요하지만 우선 첫인상이 깔끔하고 간결하게 하여 보기 좋은 보고서를 작성하여야 한다. 그러기 위해서는 빽빽하게 채우기보다는 여백의 미를 고려하여 작성한다.

보고서의 기초는 '육하원칙'이다. 머릿속에 이 육하원칙을 생각하면서 보고서를 쓰면 틀이 어느 정도 잡힌다. 기승전결 또는 서론, 본론, 결론, 추진배경과 원인과 문제 분석, 추진계획, 대안 제시 등 핵심 내용이 잘 정리되었는가를 염두에 두고 작성해야 한다.

보고서는 일반적으로 현황, 추진 사항, 주된 내용, 검토의견, 향후 계획 정도를 포함한다. 여기서 잠시 보고서 작성의 실제 사례를 통해 오류를 줄여보자. 그동안 작성했던 보고서를 분석하여 잘된 점과 개선할 점은 무엇인지를 학습하면 보고서 작성 능력을 크게 높일 수 있을 것이다.

보고서 작성의 좋은 사례와 나쁜 사례

✓ 좋은 사례

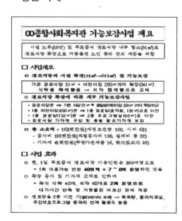

- '제목' 아래 추진배경과 검토배경을 적시하여 따로 필요성과 목적을 제시하지 않고도 왜 이 사업이 필요한지 파악할 수 있게 했다.

- '사업개요'는 사업내용과 현황, 소요 예산액을 적시하여 사업의 핵심을 제시했다.

- '사업 효과'에는 검토내용과 기대효과, 담당자 의견, 향후 계획까지 파악할 수 있게 해주는 모든 내용을 깔끔하고 간결하게 필요한 내용만을 함축하여 작성함으로 상사가 알고자 하는 핵심만 적시했다.

- 보고서 뒷면에는 도면까지 첨부하여 현장감을 갖도록 했다.

✓ 나쁜 사례

<table>
<tr><td colspan="2">

2015. 2.23. 부시장 지시사항
종합사회복지관 기능보강사업 추진

□ 사업개요
▸ 식당 협소, 거동불편 노인의 편의 제공
○ 사 업 명 : 복지관내 무료급식 경로식당 확장
○ 사업내용 : 경로식당 51㎡ → 341㎡로 확장
  - 기존 경로식당 51㎡ + 어린이집 290㎡까지 확장
  - 1층 어린이집(290㎡) → 1층 경로당(132㎡)로 이전
  - 1층 경로당(132㎡) → 2층 프로그램실(61㎡)로 이전
○ 총소요액 : 163백만원(공사비 122, 기자재 41)
  - 기확보액 : 100백만원(도비확보 - 1차확정 계상)
  - 부 족 액 : 63백만원(제1회추경 계상)
□ 종합사회복지관 현황
○ 시설현황 : 1,710.6㎡(3층),
        나부동 20년 무상임대(2034.3)
○ 설 립 일 : 1994. 5. 1
○ 운영법인 : 사회복지법인
○ 위탁기간 : 2013. 4. 1. ~ 2018. 3. 31.(5년)
○ 시 설 장 : ○○○
○ 종 사 자 : 12명
○ 1일 이용인원 : 경로식당 300명, 복지관 688명
○ 연간 운영비 : 352백만원(분권 70%, 시 30%)

</td>
<td>

지시사항 - 주요 쟁점사항 검토

□ 고령사회 대응한 경로당 시설 축소에 문제점은 없는지?
○ 현, 1층 경로당은 132㎡(39평)이나 실제 활용공간은 15평 내외로, 이전 예정장소 54㎡(20평)으로 충분
  (일부층 관장 의견)
○ 또한, 노인들의 주 이용프로그램인 2층 물리치료실과 연계한 프로그램 및 시설 활용의 배가효과성 제고

□ 어린이집 운영이 복지관 기능에 적합한지 여부?
○ 사회복지관 설치 및 운영관리 조례 제3조
○ 문수종합사회복지관 위·수탁운영에 관한 협약서 제10조(위탁사업) 4호에 해당 → 적합

※ 복지관 사업
  ① 가족복지사업 : 방과후 아동보호 등
  ② 지역사회보호사업 : 무료급식, 주간보호서비스등
  ③ 지역사회 조직사업 : 주민조직체 형성 운영 등
  ④ 교육문화사업 : 노인younger아동/청소년 프로그램
  ⑤ 자활사업 : 취업/부업 안내, 공동작업장 운영
  ⑥ 부설 재가복지·자원봉사센터 사업 등

</td></tr>
</table>

· '제목'에 검토보고서를 작성한 배경을 알 수 있도록 명기했다.

· '사업개요'에 기본 사업 현황과 예산을 포함했다.

· 하단에 전체 시설 '현황'을 명기하고, 우측에 '쟁점사항 검토' 내용의 결론을 적합으로 긍정으로 이끌어냈고, 관련 근거를 제시하고 있다.

· 다만, 이 보고서에서 지적하고 싶은 것은 시설 전체 '현황'을 명기하지 않아도 된다는 점이다. 전제 현황을 삭제했으면 더 간결한 보고서가 됐을 것이다.

· '주요 쟁점사항 검토'에서 결론을 이끌어냈지만, 항목을 검토 결과라고 명기하여 결론을 적시했다면 좋은 보고서가 되었을 것이다.

· 관련 근거로 복지관 사업을 명기할 때 정확한 법령 근거를 제시했으면 좋았을 것이다.

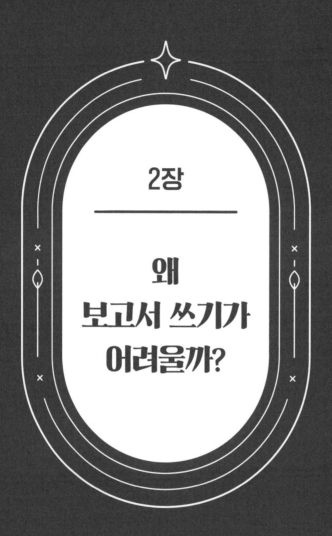

2장

왜
보고서 쓰기가
어려울까?

1 ✏

기획인가, 계획인가

보고서 작성이 어렵다고 하는 이유는 보고서와 관련한 기본적인 개념들을 이해하고 있지 않기 때문이다. 보고서를 쓰는 이유나 목적이 어디서부터 나오는가 생각해보자. 내가 쓰고 있는 보고서가 '기획인지 계획인지 구분할 수 있는가'에서부터 출발해야 한다. 이 개념만 정리되어 있다면 보고서 작성이 그렇게 어렵지 않을 것이다.

기획과 계획의 차이를 알아보자.

기획(planning)은   생각을   시도하는 것이다.

생각(企)→시도(劃)

  기획은 어떤 대상 또는 아직 없는 새로운 것을 창조하고 성취하려는(변화시키려는) 목적으로 가장 적합한 행동을 실행하기 위해 방향을 설정하고 설계하는 것이다. 예를 들어보자.

  "나는 공무원 교육원 교육 기간 동료들과 함께 2020년도 '전라도' 이름 사용 1000년에 따른 준비 시책을 기획하고 있다."

  시책사업에 대한 계획을 아직 구체적으로 수립하지는 않았지만, 대략 '전라도'라는 용어의 최초 사용 시기, 변천사, 1000년을 맞아 어떤 행사를 준비해야 하는지 고민하는 단계이다.

  이와 달리, 계획은 기본적인 기획을 바탕으로 목표를 실행하기 위해 구체적으로 진행할 업무를 설정하는 것이다. 이처럼 기획은 창조성을 강조하고, 계획은 실천성을 강조한다.

  그렇다면 기획보고서란? 당초에 아무것도 없는 상태에서 무언가를 개발하거나 사업을 펼치기 위해 새로운 것을 창조하여 생각을 정리하고 가다듬어 만든 문서를 말한다. 즉 지금까지 세상에 존재하지 않는 상품을 만들고 그 상품을 어떻게 할 것인가를 실행 행위로 계획을 수립하고 집행하기 위해 만든 문서를 말한다. 예를 들어 "여행상품을 기획한다"라고 하지 "여행상품을 계획한다"라고 하지 않는다. 여행상품으로 어느 나라 어느 지역을 어떻게 엮어서 어떤 여행 효과를 거둘 것이며, 고객에게 어떤 만족도를 제공해줄 것인가 투입 대비 기대효과를 산출해야 한다.

그럼 계획보고서란? 새로운 사업을 어떻게 펼쳐나갈 것인지 구체적인 행동 양식을 기술한 문서를 말한다. 즉 이미 확정된 것을 추진하기 위해 구체적인 추진계획과 방향을 설정하고 분석하여 실행하려고 작성한 문서를 계획보고서라 한다. 각 부서에서 작성한 2022년도 업무계획서, 영업 전략계획서 등과 같은 것이다. "나는 여행을 계획한다"라고 하지 "여행을 기획한다"라고 하지 않는다. 그 이유는 여행은 어느 곳으로 누구랑 갈 것인지가 이미 정해져 있기 때문이다. 여행계획서는 여행을 실행하는 데 필요한 물품과 사전 정보, 여행에 필요한 제반 사항을 구체적으로 실행하기 위한 계획을 수립하는 보고서이다.

여행상품을 기획한다. ○   여행상품을 계획한다. ✕

여행을 기획한다. ✕   여행을 계획한다. ○

기획과 계획을 여행상품과 여행의 예를 들어 비교해보았다. 보고서를 작성할 때 이러한 개념을 머릿속으로 생각하면서 작성한다면 그리 어렵지 않을 것이다.

2 ✒
상사는 왜 그런 말을 했을까?

보고서를 작성한다는 것은 단순히 글을 쓰는 것을 의미하지 않는다. 보고서는 한 개인이 가진 지식과 동원 가능한 정보력, 통찰력 있는 분석, 상하좌우 의사소통, 추진력 등의 결정체로 작성된 보고용 글 또는 문서를 말한다.

회사든 정부기관이든 하루의 업무는 보고서로 시작해서 보고서로 끝난다고 해도 과언이 아니다. 그만큼 보고서 작성의 비중과 역할이 매우 크다. 보고서는 대내외적으로 볼 때 그 기관의 경쟁력이고, 조직원의 능력을 판단하는 기준이 된다.

그러므로 보고서는 형식상, 내용상 흠결이 있어서는 안 된다. 흠결이 있는 보고서는 대외 경쟁력에서 밀릴 수밖에 없다. 중앙부처의 사업 예산을 확보하기 위해 보고서를 제출하는데 흠결이 있으면 타 시도와 경쟁력에서 떨어져 심사에서 탈락한다. 또한, 보고서의 흠결은 민원인 상대의 각종 소송이나 업무 추진 과정에서 대응력이 없어서 결국 소송에서 패소하거나 처분청이 하자 있는 행위로 인정하는 결과를 초래한다. 따라서 보고서 작성의 흠결을 최소화하기 위해 상사들은 지적에 지적을 할 수밖에 없다. 민원이 발생했을 때 그 책임이 보고서 작성자뿐 아니라 결재권자까지 이어지기 때문이다.

내가 작성한 보고서를 상사가 읽고 보인 반응이나 말이 곧 우리의 보고서 작성 능력을 말해준다. 또한 그 반응과 말에 따라 직장생활이 즐거울 수도 있고 그렇지 않을 수도 있다. 여기서 잠시 상사가 지적할 때 주로 사용하는 말을 살펴보자.

이 보고서 뭣 때문에 작성한 거지?

자넨 이 내용 알고 작성한 건가?

뭘 추진하고 싶은 건데?

이걸 왜 하는 건데?

뜬구름 잡는 이야기하지 말고 실행 가능한 구체적인 대안을 가져와.

교과서적인 빤한 이야기 말고 좀 더 참신한 안건을 가져와.

내가 할 일이 뭐지?

무슨 내용인지 잘 모르겠군.

뭘 보고하려는지 통 모르겠네.

체계가 없어.

너무 복잡해.

보고서가 부실하네.

오탈자가 너무 많아.

보고서 작성 요령을 읽어보고 작성한 건가?

다른 곳은 어떻게 하고 있지?

이 행사에 누구누구 참여하지?

VIP가 참석해야 하나?

VIP가 참석하나?

이 계획이 우리가 처음인가?

이 통계치는 어떻게 나왔지?

몇 명 줄어들지?

이거 추진하면 뭐가 이익이지?

어디까지 보고할 건가?

　직장에서 상사나 동료에게서 이 같은 말을 들어본 적이 있는
가? 상사로부터 이런 말을 듣는다면 어떻게 대처하겠는가? 직
원들의 반응은 다양하다.

기분 나빴어요.

좀 창피했어요.

내가 어떻게 할 수 없잖아요.

늘 들어온 말이에요.

모멸감을 느꼈어요.

화가 났는데 그냥 참았어요.

그 자리를 박차고 나올 뻔했어요.

그 말 때문에 잠을 설쳤어요.

그 말이 귀에 맴돌아 일이 손에 잡히질 않아요.

이젠 상사한테 결재 받으러 가는 게 두려워요.

　이런 식으로 지적받으면 태연한 척 제자리로 오지만 모멸감 때문에 화장실에 가서 혼자 엉엉 울기도 한다. 당신도 한 번쯤 이런 일을 겪어봤을 것이다. 나 역시 마찬가지다.

　그럼 이 모멸감을 어떻게 극복해야 할까? 왜 나는 상사에게 이런 말을 듣고 근무해야 할까? 기분 나쁘다고 불만을 갖기보다 상사가 왜 내게 이런 이런 모멸스러운 말을 했을까, 무엇이 문제였을까라고 묻고 개선점을 찾아보자.

· 보고서 내용에 어떤 문제가 있는지

· 기존대로 나열식으로 작성한 것은 아닌지

· 보고할 당시 상사의 기분은 어땠는지

· 상사가 원하는, 지시한 내용이 포함되었는지

· 최상급자가 만족할 만한 해답이 있는지(국도지 예산 확보,
　VIP 참석, 시민들에게 내세울 새로운 정책인가 등)

· 보고할 시점은 적정했는지

- 제목과 내용이 일치했는지

- 항목에 맞게 정리되었는지

- 형식이나 내용이 매끄러운지

- 오탈자는 없었는지

- 관련 근거나 사용한 데이터가 정확했는지

- 최신 자료를 사용했는지

- 비교 데이터를 포함했는지

- 원인을 제대로 분석했는지

- 결론, 대책이 제시되었는지

- 기대효과는 무엇인지

이외에도 보고서의 형식과 내용에 따라 점검할 사항은 얼마든지 있다.

보고서에 문제가 있는지 분석하고, 만약 있다면 수정해나가야 한다. '지피지기 백전불태知彼知己 百戰不殆(상대를 알고 나를 알면 백 번 싸워도 위태롭지 않다)'라고 했다. 문제가 무엇인지 알아야 보완하든지 대처할 것이 아닌가? 보고서 작성의 문제인지, 상사의 문제인지, 보고자 태도의 문제인지, 아니면 그 외 사적인 감정 때문인지 알아야 실수를 반복해서 하지 않을 것이다.

다음은 상사가 지적한 말들에서 어떤 상황과 문제점이 있는지를 살펴보자.

지적 내용: 체계가 없다. 너무 복잡하다. 보고서가 부실하다.
  오탈자가 많다. 보고서 작성 요령을 읽어보고 작성했나?
  문제점: 기본적인 틀을 갖추지 않았다. 기본적인 보고서 형식
  을 준수해야 한다.

만약 당신이 이와 같은 말을 상사로부터 들었다면, 그 보고서
는 전체적인 구조와 편집상에 흠결이 많다고 봐야 한다. 일단 보
고서를 읽기 싫다. 읽어보나 마나 별 볼 일 없을 것 같다라는 판
단을 했다는 것이다. 글씨체가 맘에 들지 않거나 보고서의 전체
흐름이 매끄럽지 않거나 편집상 흠결이 많은 경우, 읽는 사람은
짜증이 난다고 상사들은 말한다.

보고서 구성 자체가 표준 틀에 맞지 않고 구조적 흐름이 간결
하고 깔끔하게 정리되어 있지 않아 전체 내용을 파악하기 어렵
거나, 보고서 내용이 제목과 일치하지 않고 핵심 내용이 빠져 있
거나, 보고서 작성 틀이나 내용 흐름이 논리적이거나 체계적이
지 않는다고 봐야 할 경우이다. 줄 간격이나 글씨 크기도 들쑥날
쑥하고, 몇 자 건너 잘못된 띄어쓰기와 오탈자가 계속 보인다. 성
의 없이 작성되어 편집상에 문제가 있는 보고서라고 봐야 한다.

지적 내용: 이 보고서 뭣 때문에 작성한 거지? 뭐 하자는 건
  데? 이걸 왜 하는 건데? 이 내용 알고 작성한 건가? 이 보고

서를 읽고 내가 할 일이 뭐지?

문제점: 구체적인 실천계획이 무엇인지 궁금하다. 무엇을 할 것인지를 구체적으로 제시해야 한다.

상사가 지시한 내용을 정확하게 알고 작성했는지 점검해볼 필요가 있다. '왜 이 보고서를 작성하였나', '무슨 일을 추진하기 위해 작성하였나', '상사가 지시한 내용의 본질이 무엇인지 파악하고 작성하였나' 등 다각적인 분석이나 문제의식이 결여된 보고서이다.

상사가 지시한 내용과 목적을 명확히 알고, 상사가 추진하고자 하는 일이 무엇인지, 방향성이 무엇인지 정확하게 제시해야 한다. 상사의 주문사항이 무엇인지를 명시해야 한다. 상사가 추진하려는 정책의 배경과 목적, 이유를 생각해야 한다.

어떻게 어떤 방법으로 추진하여 목표를 달성할 것인가, 목표를 달성하기 위해 상사나 조직원이 해야 할 역할들이 무엇인가, 추진한 결과로 얻어지는 이익과 수익 창출 효과는 어느 정도인가를 고민해야 할 것이다. 가급적 수치화하고, 그래프 등을 활용하면 더 효과적이다.

지적 내용: 보고서 체계가 없다. 너무 복잡하다. 무슨 내용인지 잘 모르겠다. 뭘 보고하려고 하는지 통 모르겠다.

문제점: 초점과 핵심 내용이 없이 장황하다. 핵심 내용이 명확해야 한다.

보고서 내용이 길고 장황하게 작성되었거나, 편집상 한눈에 들어오지 않게 작성되었다. 또는 보고서의 항목별 내용이 체계 없이 작성되었거나 제목과 다르게 작성되었다. 다시 말하면, '추진배경'에 작성할 내용이 '필요성'에 기재되었거나, '추진목표'와 '추진목적'을 혼동하여 작성하였거나, '기대효과'나 '필요성'이 중복되어 필요 없이 길어진 경우다. 그리고 '추진계획'에 언제, 어디서, 누가, 어떻게, 무엇을 추진할 것인가 육하원칙으로 전개되어야 함에도 항목이 빠져 있어 핵심을 놓치는 경우다. 즉 언제는 있는데 누가, 어디서가 빠져 있다거나 무엇을이 빠져 있는 경우 또는 이 보고서를 작성하는 목적이 무엇인지, 왜 작성하는지, 뭘 하려고 작성하는지, 무엇 때문에 작성하는지, 뭘 하겠다고 이 보고서를 작성하는지, 그래서 무엇을 보고할 것인지 등 핵심이 없고, 의례적인 추진계획서 또는 행사계획서인지도 불명확한 보고서인 경우다.

목차를 체계적으로 구성하고, 소목차 구성도 일관성 있게 배열해야 한다. 본문 내용은 정확하고 간결하게, 줄거리는 일관성 있게 작성하고, 새로운 용어나 약어는 반드시 주석을 달아주거나 본문에서 풀어서 이해하기 쉽게 작성해야 한다.

지적 내용: 다른 데는 어떻게 하고 있지? 이 계획이 우리가 최초인가? 이 통계치는 어떻게 나왔지?

문제점: 통계자료 사용에 의문점이 생겼다. 자료출처를 명확히 제시하라. 비교 데이터를 활용하라.

통계자료는 최신 자료와 공신력 있는 자료를 사용해야 한다. 상사는 이 자료를 사용하다가 망신당하지는 않을까 하는 생각을 갖고 있다. 또한, 타 시도나 타 경쟁사와 비교 데이터를 활용하여 우월하다는 통계치나 우월한 (이익) 결론을 좋아한다. '개요' 또는 핵심 내용 하단에 경쟁사와 비교할 수 있는 주석을 달아주면 좋다. 예를 들어 "무료 법률상담소 설치 및 운영계획서"인 경우, '개요'란 하단에 "※ 우리 시 최초 시행, 전남도 3곳(○○시), 전국 10곳 시행"이라고 주석을 달아주면 상사는 매우 만족해하며 열광한다.

또한, 노인인구 증감현황 비교분석 보고서라면 증감현황 수치

00시 무료 법률상담소 설치 및 운영계획

☐ 추진배경 및 목적
☐ 추진개요
　　○
　　○
※ 우리시 최초 시행, 전남도 3곳(000), 전국 10곳

~~~이하 생략

하단에 "2021년도 통계연보 자료 분석", "2021. 통계청 나이현황 비교분석 보고서", "2021. ○○대학 노인 증감현황 분석 보고서"라든지 확실한 자료출처를 명시해둔다.

기대효과를 정량화하여 제시하라. 예측력이 조금 떨어져도 고객과 상사는 정량화된 보고서를 원한다. 정성적이고 정량적인 다양한 관점에서 기대효과를 산출해서 제시하라. 이때 가급적 공신력 있는 기관의 통계치 최신 자료를 가져다 활용하면 상사는 더욱 눈이 빛나 열광하게 된다.

지적 내용: 어디까지 보고할 건가?
문제점: 보고서 내용이 미흡하거나 최상급자에게 결재까지 받
  는 것이 싫다는 의미다.

이 보고서는 상사가 매우 흡족해서 본인이 직접 최상급자의 결재를 받고 싶어 하는 보고서이거나 아니면 최상급자에게 결재를 올리면 상사 자신이 혼날 것 같은 매우 미흡한 보고서이다.

대부분의 상사는 직원의 사기 진작 차원에서 결재를 하지만, 보고서 내용을 살펴보니 결재할 이유나 목적이 불분명하여 결재하기 망설여지는 경우가 있다. 다시 말하면, 결재하면 왠지 직원과 동급 수준으로 취급당할 것 같은, 자존심을 상하게 하는 보고서이거나, 최상급자로부터 "자네는 결재하면서 이런 것도 체

크 안 하고 뭐 하나" 같은 질책을 당할 것이 뻔한 보고서이다. 그러나 결재를 안 하면 부하직원이 오해하거나 상처를 입을 것 같아 결재해준다. 내가 아는 어느 상사는 자신이 싫어하는 직원이 최상급자에게 가서 보고하는 꼴이 싫다고 한다. 그래서 상사 자신의 전결로 끝내는 경우도 있다며 속내를 털어놓는다.

이처럼 상사에 따라, 상사와의 인간관계에 따라 보고서 결재가 원활히 이뤄질 수도 있고, 그렇지 못할 수도 있다. 직원은 항상 회사 내규의 전결 규정을 출력하여 지참하고, 상사가 규정을 무시할 경우 이를 제시하여 잘못되었음을 말할 줄 알아야 한다.

상사가 보고서 내용에 만족해할 때 최상급자에게 직접 보고서를 설명하고 싶은 마음을 숨기고 직원에게 "이 보고서 어디까지 보고할 거지?"라고 말하는 경우도 있다. 그러면 직원은 "최상급자까지 보고한다"라고 하거나, 어떤 직원은 "어디까지 보고할까요?"라고 물어서 정하게 된다.

상사가 최상급자에게 보고하고자 하는 경우, "보고서는 내가 직접 가서 결재를 맡아 오겠으니 놔두고 가라"고 한다. 참으로 얄미운 상사이다. 상사가 보고서를 직접 가져간 경우는 최상급자에게 이 보고서를 통해 자신의 능력을 과시하고 싶어 하기 때문이다. 이 경우 상사를 만족시키는 보고서라 판단해도 무방하다.

3 ───────────────────✏
보고서 작성이 왜 어렵다고 말할까?

보고서 작성이 어려운 이유는 간단하다. 알면 쉽고 모르면 어렵다는 말이 보고서 작성에도 해당한다. 어느 회사의 직원들을 대상으로 문서 작성 시 어려움을 느낀 부분에 대해 설문조사한 결과, '적절하게 참고할 수 있는 문서 예문의 부재'가 23.5%로 가장 많았고, 다음으로 '설득력 있는 문장력 작성'이 20.3%, '문서의 시각적 표현(도표, 디자인 등)'이 16.1%, '타당성 있는 논리의 전개'가 14.6% 순의 응답률을 보였다.

대학생 241명을 대상으로 '장래 회사원이 된다는 가정하에 부

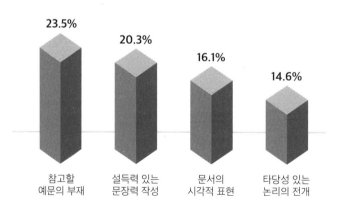

문서 작성 시 어려움을 느낀 부분은?

23.5%	20.3%	16.1%	14.6%
참고할 예문의 부재	설득력 있는 문장력 작성	문서의 시각적 표현	타당성 있는 논리의 전개

하직원의 문장력을 진급 심사에 어느 정도 고려하겠는가'에 대한 설문조사 결과, '매우 중요하다' 63% 153명, '조금 중요하다' 10% 25명, '필수적이다' 26% 63명의 응답을 보였다. 결론적으로, 직장생활에서 문장력은 필수적이라고 보고 있는 것이다.

직원들은 보고서 작성이 어려운 이유를 다음과 같이 말한다.

✓ 시간이 촉박하다.

보고서 작성에는 여러 유형과 형태가 존재한다. 그중 하나가 긴급한 문제가 있을 때 사용하는 한 장짜리 요약보고서이다. 촌각을 다툴 만큼 중요한 사안이 발생할 때 보고서 작성에 시간을 소모할 수 없기 때문이다. 긴급한 사안이 발생했는데 직원이 무슨 상황인지 원인과 문제를 파악해야 함에도 현장에 갈 생각은 하지 않고 보고서를 쓴다고 책상에 앉아 있다면 상사가 어떻게 생각하겠는가.

짧은 시간이지만 왜 이 문제가 발생했는지, 원인과 문제점이 무엇인지, 이에 대한 해결책은 무엇인지, 대안은 있는지 등 신속한 대응 능력과 판단력을 보여야 하는 것이 직원으로서의 책무이자 정석이다. 그리고 그 짧은 순간에 거뜬히 상사가 원하는 보고서를 작성해내는 직원이 실제로 있다.

이런 유능한 직원과 스스로를 비교하면서 상사가 원하는 보고서를 작성해내기에는 자신이 부족함을 깨달았을 때 오는 자멸감과 무능함이 더욱 힘들게 할 것이다. 그러나 직장인이라면 이를 극복해내야 한다. 이러한 상황은 수없이 온다. 그리고 매번 시간은 촉박하다.

나아가 보고서의 기본 형식을 갖추어야 하고, 보고하려는 내용에 대해 문제점과 대책, 기대효과 등을 도출하여 제시해야 한다는 부담감이 보고서 작성을 더욱 어렵게 한다. 시간 여유가 충분하다면 다른 자료와 비교도 하고 자문하여 충실한 보고서를 작성할 수 있지만, 위기대책이나 민원발생 사안의 경우는 사건 발생 1~2분 이내로 보고할 내용을 정리해서 긴급히 보고해야 한다. 화재가 나서 생명의 위협을 느끼고 있는 상황에서 시간이 촉박해서 보고를 못 했다고 하면 되겠는가? 이때는 보고서의 여러 유형 중 적절한 유형을 선택하여 보고하는 순발력을 요구한다. 이런 상황에서 보고서가 충실한가 등을 논하는 상사는 없을 것이다.

그러기에 긴급한 위기상황에 대응을 잘하는 직원이 능력을 크게 평가받는다. 우리는 이 능력을 키우기 위해 다양한 사례를 경험하고 연습해야 한다. 공부도 해야 한다. 현장 확인까지 해야 하는 사안일 때도 있다. 이럴 때 언제 보고서를 작성해서 상사에게 보고할 수 있겠는가? 당신은 어떻게 하겠는가? 스스로 능력을 키워나가야 한다.

√ **보고받는 사람의 성향과 문제의 원인을 신속하게 파악하기 어렵다.**

보고받는 사람의 성향에 맞춰 보고서를 작성하면 상사는 더 쉽고 빠르게 내용을 이해할 수 있고 신속한 의사결정을 내릴 수 있을 것이다. 그러나 상사가 어떤 생각을 하고 일을 추진할 것인지, 문제의 원인이 무엇인지를 신속하게 파악하기란 어려운 일이다.

많은 사람들이 보고서를 작성하기 위해 방대한 양의 정보와 자료를 수집한다. 자료가 많으면 열심히 일했다고 판단하는 상사도 있기에 보고자는 이것저것 자료를 수집하는 데 상당한 시간을 소비한다. 당연히 자료가 많으면 해결책을 도출하는 데 도움이 된다. 그러나 흔히 여기서 오류를 범한다. 정보와 자료가 범람하여 초점과 핵심을 도출해내지 못하고 오히려 장황하게 보고서 분량만 늘어나거나 불필요한 데이터를 사용하여 엄청난 오류를 빚는 것이다.

자료와 정보가 많으면 의사결정자는 주변 상황을 더 살피려는 욕구와 의혹을 품게 된다. 보고서 내용 자체는 부족하지 않지만, '제대로 분석한 보고서인가?' 같은 상사의 의구심과 갈등을 유도하여 쉽게 의사결정을 내리지 못하게 하는 장애 요인이 될 수 있다. 이런 이유로 상사는 빠르고 올바른 의사결정을 내릴 수 있게 해주는 간결하고도 명료한 데이터와 문제점 분석이 정확히 정리된 보고서를 좋아한다. 이런 면에서 비교 데이터와 도표, 그래프가 있는 보고서는 직원의 수고와 능력을 높이 평가받게 해준다. 상세한 설명을 첨부한 보고서를 좋아하는 상사도 있지만 대부분은 원인과 분석 과정을 거쳐 결론을 도출해낸 경쟁력 있는 보고서를 좋아한다.

종이 보고서보다 간단한 쪽지 보고서와 구두보고를 좋아하는 상사도 있다. 이렇듯 상사의 성향을 짧은 시간에 파악하기란 쉽지 않다. 한편, 보고서 글씨체에 따라 호불호가 다르게 나타나는데 어떤 상사는 휴먼명조체를, 어떤 상사는 중고딕이나 굴림체를 좋아한다. 중간중간 색상을 넣는 것을 선호하는 상사가 있는가 하면, 색상을 넣는 것 자체를 싫어하는 상사도 있다. 어떤 상사는 사진이나 그래프로 시각화하는 것을 선호하지만, 어떤 상사는 그렇게 하는 걸 오히려 지저분하다고 싫어하기도 한다.

종이 형태로도 한 장짜리 보고서로 만족해하는 상사, 보고서는 무조건 2~3장 정도는 되어야 한다는 상사, A4 서식을 좋아하는 상사, A4나 A3 절반 크기의 접이식 형태를 좋아하는 상사도 있다. 개요를 앞표지에 박스를 쳐서 한 번 더 표시하는 스타일을 좋아하는 상사도 있다. 혹자는 아무리 내용이 충실해도 용지 치수를 잘못 선택해서 상사가 원하는 보고서 형식이 아니면 다시 작성하는 일이 자주 있다고 불만을 터뜨린다. 이처럼 큰 흠결이 없음에도 다시 작성하는 사례가 종종 있으니 보고서 작성에 스트레스 받지 않기를 바란다.

✓ **짧은 시간에 정확한 내용을 분석 및 정리하여 표현할 수 있어야 한다.**

보고서는 보고받는 사람이 짧은 시간 내에 내용을 정확하게 파악하고 이해할 수 있도록 작성해야 한다. 보고서를 읽어도 무슨 내용인지, 보고하는 목적이 무엇인지 모르겠다고 한다면, 그 보고서는 아무리 잘 작성되었다고 한들 형식에 맞춰 글을 써놓은 것에 불과하다. 보고서는 이론상의 보고서 작성법만 터득한다고 잘 작성하는 것이 아니다. 많은 경험과 상사와의 관계, 업무의 전체적인 흐름, 사회환경적인 요소 등을 두루 포함하여 총체적인 관점을 이해하고 정리하여 표현할 줄 알아야 한다.

그렇게 작성하기까지 많은 실패 경험을 할 것이다. 상사가 열광하는 보고서 작성을 위해서는 평소 업무를 추진하는 과정에서 모든 정보망과 상식을 습득하려는 노력이 필요하다. 나는 그동안 보고서 업무를 추진하면서 인터넷상의 정보, 관계 법령, 다른 지역의 정책 등을 두루 파악하여 정보와 자료를 수집 및 자료화하였고, 계획서 작성 전과 결재 후 추진 과정에서 정기적으로 꼭 현장 확인을 한 뒤 변화된 현장 사진을 확보하여 중간보고뿐 아니라 상사가 궁금해하는 시점에 적절히 활용했다.

주변 여론을 통해 진행상황을 점검함은 물론 애로사항도 반드시 확인해야 하는 작업이다. 현장을 담은 생생한 보고서를 작성하여 상사가 직접 현장을 확인하지 않아도 충분히 파악할 수 있도록 작성하였다면, 상사는 매우 만족해할 것이다.

Case A. "보고서로 스트레스 받는다" 설문조사 결과

리서치 회사 마크로밀엠브레인에서 19세 이상 직장인 578명을 대상으로 '직장인이 보고서 때문에 얼마나 스트레스를 받는가?'에 대해 설문조사를 했다. 그 결과, '보고서로 스트레스 받는다'가 88.4%, '아니요'가 11.6%였다. '직장인이 가장 스트레스 받는 이유가 무엇이냐?'에 대한 설문에는 ① 촉박한 마감시간 23.5%, ② 잘 모르는 분야 요구 23.5%로 가장 높았고, ③ 서식의 시각적 효과 편집 22.7%, ④ 업무량이 너무 많아서 16.2%, ⑤ 자료 수집 시간이 오래 걸려서 12.7% 순으로 결과가 나타났다.

구인구직 플랫폼 사람인이 직장인 1,227명을 대상으로 '보고서 스트레스에 관한 설문조사'를 한 결과도 있다(2021.8.25). 설문조사 결과, 응답자의 65.4%가 보고서 작성으로 스트레스를 받는다고 응답했다. 그 이유로는 ① 갑자기 시키는 경우가 많아서가 47%로 가장 많았다. 그리고 ② 잘 알지 못하는 내용을 써야 할 때도 많아서 38.4%, ③ 잦은 보고서 작성으로 업무할 시간이 없어서 35.7%, ④ 촉박한 마감 기한 때문에 35.5%, ⑤ 서식 등 보고서 형식이 까다로워서 20.8%, ⑥ 자료 수집에 시간이 많이 걸려서 17.2%, ⑦ 보고서를 쓴 사람이 책임을 져야 해서 16.5% 순으로 응답했다.

결론적으로, 보고서 작성에서 가장 스트레스 받는 이유는 주어진 업무 파악 능력과 보고서 편집 능력(자료, 데이터)이 가장 높게

보고서에 대한 스트레스 설문조사 결과 비교

구분	마크로밀엠브레인	사람인
조사대상	19세 이상 578명	직장인 1,227명
스트레스 받는다	88.4%	65.4%
스트레스 받는 이유	① 촉박한 마감 23.5% ② 잘 모르는 분야 요구 23.5%. ③ 서식의 시각적 효과 편집 22.7%, ④ 업무량이 너무 많아서 16.2% ⑤ 자료 수집 시간이 오래 걸려서 12.7%	① 갑자기 시키는 경우가 많아서 47% ② 잘 알지 못하는 내용을 써야 할 때 38.4% ③ 잦은 보고서 작성으로 업무할 시간이 없어서 35.7% ④ 촉박한 마감 기한 때문에 35.5% ⑤ 서식 등 보고서 형식이 까다로워서 20.8% ⑥ 자료 수집 시간이 많이 걸려서 17.2% ⑦ 보고서를 쓴 사람이 책임을 져야 해서 16.5%

나타났다.

4

퇴짜 맞은 보고서엔 이유가 있다

흔히 보고서를 잘 써놓고도 보고 요령이 부족해서 퇴짜 맞거나, 보고서 작성에 흠결이 많아 퇴짜를 맞는다. 작성자는 보고서

틀에도 하자가 없고 내용이나 원인, 데이터의 비교분석에도 흠이 없다고 생각하는데, 밤을 새워가며 작성한 보고서가 결재되지 않거나 상사가 관심조차 두지 않는다면 무엇이 문제인지, 그 이유가 무엇인지를 파악하고 개선하려고 노력해야 한다. 퇴짜맞는 보고서의 특징을 설명하자면,

✓ 상사의 성향을 고려하지 않았다.

보고받는 상사의 성향을 고려하여 보고서를 작성해야 한다. 왜 상사의 비위까지 맞춰가며 상사 중심의 보고서를 작성해야 하느냐고 반발할 수도 있다. 하지만 의사결정을 내릴 뿐만 아니라 문제 발생의 사안에 대해 누구보다 다양한 지식과 경험이 풍부하며 그 사안에 책임까지 지는 사람이 바로 상사이다. 상사는 보고서 사안에 대해 추진방향을 설정하고, 정책을 결정할 권한이 있으며, 상사의 결정에 따라 보고서 내용이 추진되기도 하고 사장되기도 한다.

✓ 편집 기술이 부족하다.

핵심 보고 내용의 어필 방식은 보고서 작성의 편집 기술에 있다. 예를 들면, 핵심이 되는 부분에 색을 넣는다든지 다른 글씨체를 사용한다든지 진하게 할 수 있다. 도표와 그래프를 사용하거나, 그림, 사진을 삽입하는 방법도 활용해서 시각효과를 통해 쉽

게 이해하고 내용을 빨리 파악할 수 있도록 도와주는 노력이 부족했다.

또한, 수식어가 많거나 앞뒤 구절의 내용이 중복된 탓에 전체 문장이 길어져 핵심이 무엇인지 쉽게 파악하기 어렵게 한 경우다. 보고서 작성자가 보고서 내용을 중요하게 생각해 핵심 내용(단어)을 중복하여 사용하는 오류를 범하기도 한다. 상사는 이를 하수들의 변명이라고 치부해버린다.

✓ 보고(말) 요령에 문제가 있다.

누가 봐도 보고서 자체는 흠결이 없는 잘 쓴 보고서다. 그런데 왜 결재를 받지 못하고 퇴짜 맞았을까? 이 경우는 백 퍼센트 보고 요령이 잘못되었기 때문이다. 보고 시기나 상사의 분위기를 파악하지 못한 채 보고할 경우에 좋지 않은 결과를 가져올 가능성이 크다. 보고자가 글쓰기는 능숙하지만 말하는 요령이 부족한 탓일 것이다. 보고서 작성이 중요한 만큼이나 보고(말)하는 요령도 매우 중요하다.

열심히 일한 기획자가 언제나 최고 의사결정자의 결재를 얻는 것은 아니다. 혹자는 보고하러 갔다가 오히려 숙제를 안고 오는 예도 있다. 보고서에 내용이 충분히 포함되어 있음에도 질문에 대한 답변을 제대로 하지 못해 오히려 상사의 지적을 받거나 지시사항이 추가되어 되돌아오는 예도 있다. 말하자면, "이런 점을 고려해보았나요?"라고 하면 보고서 페이지를 빨리 찾아 제시하든지 답변을 제대로 해야 하는데, 상사의 물음에 순간 머릿속이 백지상태가 되어 아무런 답변도 못했다고 말하는 직원들이 많다.

반면 보고서는 미흡하지만 말로 하는 요령이 좋아 기획안이 정상적으로 추진되는 사례도 빈번하다. 이 경우에 보고서가 제대로 갖춰지지 않았고 문제점과 원인에 대한 분석, 대책도 미흡하지만 상사의 신뢰를 얻어 정상적으로 추진되는 경우이다. 구두 보고가 상사와 고객을 이해시키고 설득시켰기 때문에 가능한 일이다.

혹자는 이런 경우를 두고 보고서를 잘 쓸 필요 있나, 바쁜 세상에 보고서를 왜 써, 보고서 없이도 일만 잘하면 되는 거 아냐라고 말한다. 틀린 말은 아니다. 하지만 일을 추진하고 나서 사후관리는 어떻게 할 것인가, 평가는 무엇으로 할 것인가, 책임은 누가 질 것인가라는 질문에는 대답할 수 없다. 결국, 보고서라는 요식행위의 형식이 필요하다는 것이다. 직장생활에서 말을 잘하면 물론 좋겠지만, 문서 작성 능력은 없는데 말만 잘하면 신뢰가 오래가지 못한다.

✓ 인간관계가 작용했다.

직장생활에서 보고서 작성과 보고의 중요성은 익히 알고 있을 것이다. 내가 작성한 보고서가 원만히 통과되어 정책으로 반영되기 위해서는 충실한 보고서를 작성해야 하고, 말로 하는 보고 역시 잘 해야 한다. 또한, 보고서에는 보고자와 보고받는 상사의 인간관계가 중요하게 작용한다.

Case A. A직원은 H상사를 싫어한다.

상사인 H와 부하직원 A 둘 사이의 생각 차이가 빚은 불신과 갈등이 나쁜 감정이 되어 업무에 영향을 미쳤다. 그 내막을 살펴보자.

H와 같이 근무하는 A는 꽤 실력 있는 직원으로 평가받고 있다. 보고서 작성 실력도 우수하고 추진력도 있어 동료들 사이에서도 인기가 많다. 그런 A가 보고를 잘 못해 결재를 퇴짜 맞는 일이 발생했다. 모두가 인정하는 실력자의 보고서가 퇴짜 맞은 이유는 무엇이었을까? 정말 보고서를 잘못 작성해서였을까?

A는 언제나 최선을 다해 열심히 일했고, 나름 상사를 잘 보필하고 있다고 스스로 생각했다. 그런데 승진에서 매번 탈락했다. 그러던 중 A는 자신의 승진 탈락 이유가 H가 다른 직원 C를 추천했기 때문이라는 사실을 알게 됐다. 배신감이 느껴졌다. H는 왜 A가 아닌 C를 승진 후보자로 추천했을까?

H는 보고서를 결재하면서 A에게 물었다. "이 보고서를 추진하는 목적이 무엇인가요?" A는 H에게 배신감을 느끼고 있었기에

싫은 감정을 조절하지 못하고 퉁명스럽게 "거기에 다 쓰여 있잖아요?"라고 말했다. 이로 인해 사건이 커졌다. H는 A의 불손한 태도에 노발대발했고, 양측 모두 언성이 높아지면서 감정이 악화됐다. 결국 A는 감사실에 불려가 조사를 받게 됐고 상사에 대한 항명죄로 징계를 받았다.

Case B. H상사는 C직원을 싫어한다.

상사인 H는 직원 C를 싫어한다. 왠지 목소리만 들어도 싫은 사람이 있다는데 H는 그런 직원과 함께 근무하고 있다. 어느 날 C가 결재서류를 가지고 왔다. 결재서류를 보니 보고서는 짜임새 있게 잘 작성되어 있는데 왠지 결재하기가 싫다. 이유는 자신도 잘 모른다. 아마도 평소에 둘 사이의 원만한 인간관계가 형성되어 있지 않았기 때문인 듯하다. 일만 잘하면 뭐하나…….

H의 말을 듣고 나는 이해가 안 되어 다시 물었다. 아무리 잘 한다는 일도 결재를 받아야 추진될 수 있는 것 아니냐고 물었더니 상사는 이렇게 대답했다. "보고서 작성이나 일 추진은 나무랄 데 없다는 것 나도 인정한다. 그런데 그 직원은 모든 일에 있어서 자신이 검토한 것만 옳고 상사나 다른 동료 의견을 수용하려 들지 않는다. 그래서 아주 급한 것 아니고는 바로 결재하기 싫어진다. 직원의 태도가 맘에 들지 않는다"라고 속내를 털어놓았다.

당신이 상사라면 어떻게 할 것 같은가? 그리고 부하직원의 경우, 결재서류가 결재되지 않고 자주 퇴짜 맞아 일이 추진되지 않는다면 그 직원이 능력 있다고 누가 인정해주겠는가? 그만큼 직장생활에서 인간관계는 보고서 작성 능력만큼이나 중요하게 작용한다.

5

나는 이렇게 극복했다

공무원이 되어 첫 출근을 하자마자 경로잔치 보고전을 작성해 오라는 지시를 받았다. 막막했다. 출근한 지 하루도 지나지 않은 신입에게 가르쳐주지도 않고 바로 보고전을 작성해 가져오라니 너무한다는 생각이 들었다. 이것저것 자료를 찾아보려고 하는데 상사는 최상급자에게 지금 보고하러 가야 한다고 독촉했다. 참으로 난감했다.

급히 전임자의 보고전이 있는지 PC 자료를 확인했다. 다행히 자료가 저장되어 있어 전임자가 작성한 보고전을 활용하기로 했다. 나는 보고전을 내려받아 '주요 참석 인사'와 '소요 예산'을 파악한 뒤 추가 항목으로 삽입하여 작성했다. 내 보고서를 본 상사는 "수고했다"라고 했다. 나는 의아했다. 안도감과 함께 보고서 작성도 별것 없네 하는 생각까지 들었다.

그렇게 첫 관문은 무사히 통과했다. 그러나 그것은 크나큰 오판이었다.

호봉이 점점 늘고 업무량이 다양해지면서 하는 일의 비중도 커졌다. 입사해서 3년까지는 전임자의 보고전을 모방했던 것 같다. 이후에는 나름 노하우가 생기고, 상사가 수정도 해주고 조언도 해줘서 보고전과 보고서의 기능을 알 수 있게 되었다. 언제 왜 보고서를 작성하는지를 스스로 질문하게 되었고, 굳이 보고서를 작성하지 않아도 될 텐데, 구두보고 해도 될 텐데 시킨다며 동료에게 불평할 때도 많았다.

5년이 지나서야 첫 출근날 작성한 "경로당 행사보고전"에 대해 상사가 수고했다고 한 이유를 알게 되었다.

전임자는 '행사 일시', '장소', '참석 인원', '행사 주최', '기대효과' 순으로 보고전을 작성한 반면, 나는 전임자가 작성한 보고 내용에 '주요 참석 인사'와 '소요 예산'을 추가하여 작성했다. 상사가 최상급자에게 보고할 핵심은 바로 경로잔치에 참석할 주요 인사가 누구이며, 예산은 얼마인가였다. 그리고 나는 그 핵심을 잘 파악하여 적용했다. 참으로 기특한 일을 한 것이었다.

어떻게 하루도 지나지 않은 신입이 그런 생각으로 보고전을 작성할 수 있었냐는 질문을 받았다. 나는 공무원시험 합격 후 발령을 기다리는 동안 보고서 작성법을 집중 공부했다. 수시로 신문 사설을 읽었고, 인터넷으로 회사에서 일어나는 주요 행사를 검색하면서 행사의 흐름, 회사의 정책들을 익히고 자료 관리를 했다. 그러한 노력이 자연스럽게 적용하여 보고전에 활용되었던 것이다. 평소에 일상의 흐름을 중요하게 생각해 놓치지 않고, 핵심이 무엇인지를 항상 고민하고 눈여겨봤던 것이 나름대로 훈련이 되었던 것 같다.

평상시 자신이 몸담은 회사나 부서가 지향하는 비전과 미션, 추진 방침들을 잘 숙지하고 그와 관련된 사건, 사안, 주요 정책을 눈여겨보면서 스스로 숙련하는 노력이 필요하다. 상사가 중요시하는 핵심이 어디에 있는가, 사안의 핵심이 어디에 있는가를 그때그때 잘 적용할 줄 알아야 한다. 이런 능력은 하루아침에 이뤄지는 것이 아니다. 보고서를 잘 쓰고 싶은가? 상사에게 보고할 내용을 스스로에게 보고해보라. 혼잣말로 보고하는 말을 그대로 적어보라.

보고서를 잘 쓰고 싶다면 지금부터 내가 소개하는 방법을 연습해보기를 바란다. 이 방법은 수십 년에 걸친 나의 경험에서 나온 것이다. 독자에 따라 다른 경험이 될 수 있을 것이다. 상사로부터 지시를 받으면 머리가 하얗게 되어 무엇부터 작성해야 할지 생각이 전혀 떠오르지 않는 사람에게는 특효약이다. 또는 상사 앞에서 보고하려고 하면 두렵고 떨리거나, 회의 진행을 두려워하는 분은 꼭 한 번쯤 연습해볼 것을 권한다. 당신도 분명 극복할 수 있을 것이다.

✓ 보고서 작성, 나는 이렇게 극복했다.

① 먼저 무엇을 보고할지를 명확히 하고, 제목을 구상한다.

② 제목을 어떻게 설정해야 할지 막막할 때가 있다. 그럴 때는 빈 종이에 보고해야 하는 내용을, 왜 보고하려 하는지를 생각나는 대로 적어본다.

③ 오늘은 무엇을 하고, 내일은 무엇을 해야 하는지 로드맵을 생각나는 대로 적어본다. 그리고 적어놓은 로드맵에 따라 살을 붙여 계획서를 작성한다.

④ 로드맵의 일정들을 합쳐 배열해본다. 그러면 내가 작성해야 할 보고서의 방향성을 발견할 것이다.

⑤ 혹자는 로드맵보다는 로직트리Logic Tree를 작성하는 것이 효과적이라고 한다. 이는 자신의 성향에 맞게 선택하여 활용하면 된다.

⑥ 로직트리는 무엇을 보고할 것인지 생각이 잘 정리되지 않거나 해결책이 명쾌하게 떠오르지 않을 때, 구체적인 원인이 분명하지 않을 때, 심지어 아무 생각도 나지 않을 때 활용하면 좋다.

⑦ 보고할 자료(로드맵 정리한 것, 관련 자료), 거울, 핸드폰, 녹음기를 준비한다.

⑧ 보고할 자료를 들고 거울 앞에 선다. 이때 핸드폰으로 시간을 재고, 녹음기로 녹음한다.

⑨ 내 앞에 상사가 있다고 가정하고 최대한 자연스럽게 평소에 말하는 톤으로 말하듯 보고한다. 또는 보고서를 설명하듯이 말해본다.

⑩ 상사가 있다고 생각했을 때 몸이 긴장되고 목소리가 굳어진다면 당신은 상사에 대한 두려움이나 경계심을 갖고 있거나, 보고에 대한 강박관념을 갖고 있다고 볼 수 있다.

⑪ 눈을 감고 보고하는 자신과 상사가 대화하는 모습을 상상해본다. 그리고 그 상황을 설명하듯 빈 종이에 작성한다.

⑫ ⑨를 시도할 때 ⑩과 같은 반응이 나온다면 다시 시도해보자. 이번에는 거울 앞에 언니나 동생, 친한 선배에게 설명해줘야 한다고 생각하고 말하듯 설명한다. 또는 내가 교사가 되어 학생들에게 이 주제를 설명한다고 가정하고 말해본다.

⑬ 녹음된 내 목소리를 반복해서 들어보자. 녹음기에서 들려오는 내 목소리를 그대로 노트나 컴퓨터에 옮겨 적는다.

⑭ 다시 녹음기를 틀어 노트에 적은 내용과 비교한다. 설명한 내용이 충분히 전달되고 있는지, 아니면 흐름이 매끄럽지 않고 어색한 부분이 있는지 점검한다.

⑮ 위의 과정을 2~3회 반복하면 핵심을 놓친 부분, 중복된 부분을 발견하게 될 것이다. 이때 자연스럽게 떠오르는 문구를 놓치지 말고 바로 수정한다.

⑯ 수정한 내용과 기본 틀을 비교하면서 보고할 내용에 맞는

틀을 다시 작성한다.

⑰ 기본 틀에 부합하지 않아도 작성한 항목을 구성 틀로 작성하면 된다. 오히려 창의적인 발상이 될 수 있기 때문이다.

⑱ 이러한 작업을 반복하다 보면 이젠 내가 보고하려는 내용이 이거다 하는 확신이 든다. 그 수정본을 확정하여 보고서 작성의 마무리 작업을 한다.

⑲ 종이 크기, 형식, 글씨체, 글씨 크기, 자간, 오탈자, 중요 부분 포인트 작업 등 최종 편집 상태를 점검한다.

⑳ 전체적으로 편집 상태까지 마무리했다면 이제는 작성된 보고서를 거울 앞에서 상사에게 보고하듯 보고하면서 녹음한다. 그리고 녹음한 내용을 들어본다.

㉑ 보고서 작성을 마무리한다. 적용한 데이터나 법령이 최신 자료인지를 지침서나 인터넷 검색을 통해 확인하여 수정한다.

㉒ 확인한 자료는 반드시 출력하여 지참하고 있어야 한다. 보고서에 첨부할 필요는 없다. 다만, 보고서에 근거 법령의 제목 정도는 명기하면 더 효과적일 수 있다.

이러한 연습을 반복하다 보면 단기간에 상사가 열광하는 보고서를 작성할 수 있는 능력이 생긴다. 또한, 말로 하는 보고 요령도 터득하게 되고, 보고할 내용의 핵심을 정확히 집어내는 능력도 향상된다. 나아가 어느 순간 상사로부터 인정받는 유능한 인재가 되어 있는 자신을 발견하게 될 것이다. 상사는 당신이 없으면 불안해지고, 당신은 상사에게 그리고 회사에 없어서 안 될 중요한 위치를 확보하게 될 것이다. 매순간 상사는 이와 같은 질문을 하면서 당신을 곁에 두게 될 것이다. "이 문제의 핵심은 무엇인가? 이 문제는 어떻게 추진하면 되겠는가? 어떤 방법으로 추진하면 되지? 어떤 기대효과가 있지? 내가 할 일이 무엇인가?"

6
보고서 작성 시 흔히 범하는 오류

보고서를 작성할 때 관행 때문에 오류를 낳기도 한다. 보고서를 다 쓴 뒤 확인하고 또 확인했는데 막상 상사한테 보고하는 과정에서 잘 못 작성한 부분을 발견하는 것이다. 인간이기 때문에 실수를 한다. 그러나 평소 무의식적으로 해오던 잘못된 습관 때문에 알면서도 틀리는 경우가 종종 있다. 오랜 시간 정성 들여 작성한 보고서가 통과되지 못하면 상사와 갈등이 생기고 이 때문에 힘들어진다. 또, 작성자도 상사도 오류를 발견하지 못한 채 최종 결재가 되어 문서가 시행되고 나서야 민원인이 오류를 발견하는 일도 있다. 피해를 초래해 보고서 작성자에게 구상권을 행사하여 손해배상을 청구하는 일도 있다. 최소한 알면서 이와 같은 오류를 범하는 일은 없어야 한다.

어떻게 해야 이런 오류를 범하지 않을 수 있을까? 내 보고서는 무엇이 잘못되었을까? 스스로를 되돌아볼 필요가 있다. 여유를 가지고 그동안 관행적으로 작성했던 보고서에 오류는 없었는지, 내가 쓴 보고서에 무슨 문제로 민원이 발생했는지, 왜 상사는 내 보고서에 열광하지 않는지 등에 대해 점검하는 시간을 갖도록 하자.

보고서를 잘 쓰고 싶다면 작성할 때 자주 틀리는 부분이나 상사로부터 지적받은 부분을 수첩에 기록하고 어떤 유형에 몇 번 지적받았는지 숫자로 기록한다. 그러면 나의 잘못된 습관을 파악할 수 있다.

✓ 기본적인 틀을 지키지 않고, 제목과 다른 내용으로 작성한다.

기본적인 틀(양식, 서식)을 갖추지 않거나, 그저 말하듯이 성의 없게 내용만 적는다. 제목이나 차례가 보고서 내용과 일치하지 않고, 제목과 소제목에 따른 내용이 일치하지 않는다. 서론, 본론, 결론의 기본 형식을 무시한 채 작성한다. 내용이 불성실하고 매끄럽지 않아 신뢰할 수 없는 보고서다.

또는 차례와 본문 속 제목의 불일치, 제목과 작성 연월일 착오, 작성 기관 착오, 차례의 위치 선정 부적절, 쪽수 잘못 매기기(본문부터 매겨야 한다), 글씨 크기, 오탈자, 글자 배열, 항목 사용의 부적합 등의 이유가 있다.

✓ 보고서는 두꺼워야 설득력이 있다고 생각한다.

보고서의 장수가 많을수록 상사가 자신의 노고나 능력을 인정해줄 것이라는 생각이 오류를 범하게 한다. 자신이 한 일을 드러내기 위해 불필요하게 장수를 늘리거나, 내용을 장황하고 길게 작성하여 초점을 분산시킨다. 그 결과, 전체를 읽지 않고는 내용을 파악할 수 없는 보고서가 된다.

내용을 파악하기 어려워 의사결정해야 할 시간을 너무 많이 빼앗는 보고서가 되지 않도록 해야 한다. 또한 표현이 모호하여 내용을 명확히 알 수 없거나 자기주장도 없이 타인이 작성한 견해만을 소개하는 보고서는 피해야 한다.

연구논문처럼 내용을 너무 깊게 다뤄 장수만 부풀린 보고서도 있다. 내용이 길어져 핵심을 파악하기 어렵게 하는 보고서, 또는 항목 간 내용상 차이가 없이 거의 유사한 내용을 반복하여 표현하는 것에 불과한 보고서는 지양해야 한다.

의사결정자는 매일 수십 건의 보고를 받고 검토해야 하는 상황에 놓여 있다. 짧게 정리가 가능한 내용을 길게 부풀린 보고서, 내용이 장황하고 초점이 명확하지 않은 보고서는 보고받는 사람을 짜증나게 한다. 전문가들은 이렇게 조언한다.

① 긴 보고서는 따로 요약하라.

② 본문은 짧게 하고, 참고사항은 첨부물로 돌려라.

③ 하이퍼링크를 활용하라.

④ 그래프, 흐름도(플로 차트), 사진, 표 등 시각자료를 적절히
   활용하라.

✓ 개념 정리가 안 되어 있거나 문제 원인 분석이 제대로 안 되어 있다.

아무 생각 없이 습관적으로 항목을 착오하여 다른 항목에 잘못 기재하는 경우가 있다. 항목을 구분하지 않고 이것저것 무작정 작성한 보고서도 있다. 예를 들면, '추진배경'에 '기대효과'를, '현황'에 '대책'을, '문제점'에 '현황'을, '대책'에 '원인과 문제점'을 작성한 경우다.

✓ 상급기관에서 하달된 문서는 반드시 수령기관의 현지 상황에 맞게 수정해야 하나 이를 간과하고 시달된 문서 그대로 사용하는 오류를 범한다.

상부에서 내려온 추진계획을 수정 없이 그대로 결재를 올려 상사로부터 지적을 당하거나, 표지만 수정해 올려 상급기관이 시달한 내용 그대로 사용하는 황당한 경우가 많다. 계획보고서의 중요성을 간과하기 때문이다.

추진배경, 원인, 효과, 활용 방안 등을 제시하지 않은 보고서,

비교 데이터 분석 없이 제목과 추진 개요 정도로만 접근하여 작성한 보고서, 정책에 대한 근본적 문제의식이 없는 보고서, 추진 부서의 의지나 비전, 방향성 없이 상급기관의 기획 문서를 요약 정리해놓은 보고서는 외형적으로 아무리 잘 작성되어 있다 해도 내용상으로 결함이 많은 보고서다.

보고서를 너무 압축하여 작성하거나 보고 취지, 배경, 추진 경위나 내용이 명확하지 않을 경우에는 보고할 핵심 내용이 무엇인지에 대해 궁금증과 질문을 유발하게 된다.

또한 전문용어나 약어를 주석 없이 사용하거나, 데이터 자료나 근거의 출처를 기준점 없이 인용하거나, 공신력이 없는 자료를 사용하면 잘못된 정책 결정을 유도하는 중대한 장애 요인이 되며 차후 책임이 따르므로 주의해서 사용해야 한다.

보고서에 담긴 정보가 너무 빈약하여 적절한 판단이나 조치를 할 수 없는 경우, 기존 현황과 문제점, 원인 등으로 작성되어 핵심 이슈에 대한 분석력이 부족한 경우도 있다. 대책 마련이 실현 가능성이 없는 나열에 그치고 누가 무엇을 어떻게 추진할 것인지에 대한 방향성이 없어 의사결정을 방해하기도 한다.

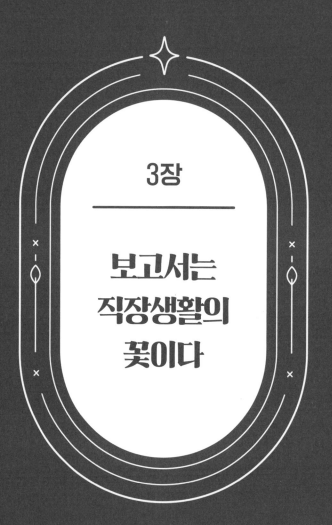

3장

보고서는
직장생활의
꽃이다

1
기획자의 자질과 유형

　기획자에게는 어떤 자질이 필요할까? 우선 기획자는 일반인이라면 흘려버릴 문건이나 사건에서도 변화의 본질과 추이를 파악할 수 있어야 한다. 이를 통찰력 있는 사고, 문제의식적 사고라고 할 수 있다. 또한 일상에서도 습관적으로 정보를 수집하고 분석하고 가공할 줄 아는 정보력이 있어야 한다.

　신선한 아이디어를 창출하고 발산하는 창의력, 실현 가능한 해결책을 추구하는 구상력, 다른 사람에게서 공감을 얻게 하는 설득력도 필요하다. 해결책을 실행하고 성과를 거두는 실행력과 추진력도 남다르게 표출되어야 한다.

좋은 기획자가 되려면 꾸준한 노력이 필요하다. 온오프라인 매체를 통한 다독과 블로그 쓰기 등 참신한 아이디어로 창의력을 발휘하는 데 촉각을 세워야 한다.

기획자에는 여러 유형이 있다. 나는 어떤 유형의 기획자인지 한번 점검해보자.

기획자의 자질과 유형

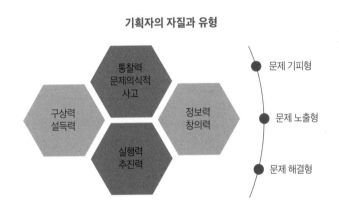

✓ **문제 기피형 기획자는 문제를 인정하지 않는다.**

문제를 인정한다 해도 변명하기에 급급하다. 그래서 문제해결의 장애 요인이 바로 그 기획자가 된다. 상사가 가장 싫어하는 기획자 유형이다. 예를 들면, "좋은 이야기이지만 ~ 때문에 안 된다", "좋긴 한데 ~ 때문에 어려울 것이다", "그 회사와 우리 회사는 사정이 다르기 때문에 시기상조라고 생각한다" 등과 같이 안 되는 이유가 다 남에게 있다. 우리 또는 내 책임이 아니라고

하는 유형이다. 바로 내가 이 문제 기피형과 같은 형태의 보고를 하고 있지는 않은지 생각해보자.

✓ 문제 노출형 기획자는 '정확한' 문제 파악보다 '상세한' 문제 파악에 만족하므로 정작 문제의 핵심을 파악하기 어렵다.

이런 점에서 노출형 기획자는 문제 기피형보다 더 최악이다. 깊이 없는 나열식 해결책만 제시한다. 이런 유형은 엄청난 분량의 분석보고서를 작성한다. 모든 문제를 하나도 빠짐없이 밝혀야 한다고, 상사가 무엇을 묻더라도 이 안에 모든 답이 있어야 한다고 생각한다.

문제 노출형 기획자는 업무의 연속성에 오히려 방해가 된다. 상사가 듣고 싶어 하는 답은 하지 않고 '그래서?'라는 질문에 대답하지도 못한다. 이렇게 되면 기획서가 대폭 수정되거나 심한 경우 다른 기획자에게 업무가 위임되는 사태에 이른다.

✓ 문제해결형 기획자는 해결해야 할 핵심 과제가 무엇인가를 제시한다.

문제는 반드시 해결해야 할 대상이라고 생각하고 접근한다. "그래서?"에 대한 명확한 해법을 제시한다. 상사가 가장 좋아하는 유형이다. 이 유형은 "이렇게 하면 될 것 같다", "새로운 방법이 없는지 생각해보자", "우선 해보자", "그것 때문에 안 된다면 그것부터 해결하면 되지 않을까?"라고 말한다. '답이 분명히 제시되어야 하고, 실행이 우선이다'라는 생각으로 일을 추진한다.

위 세 유형 중 나는 어떤 유형에 해당하는지 점검해보고, 개선할 점이 무엇인지, 바람직한 직장인의 자세가 무엇인지 고찰해보기를 바란다.

아울러, 직장인이라면 한 번쯤 겪는 상사, 동료와의 갈등을 어떻게 극복할지에 대해 생각해보자. 일하면서 많이 받았던 질문이기도 한데, 우연히 도서관에서 네드 허먼이 제시한 '홀 브레인 whole brain 기법'의 네 가지 유형을 발견하고 그 해답을 얻었다. 여기서 이를 개괄적으로 소개하고자 한다. 이 기법은 매 상황에서 각각의 영역이 어떻게 작동하는지를 파악하는 데, 그리고 리더로서 기획자의 자질을 갖추고 상대와의 관계 형성 및 의사소통을 하는 데 도움을 준다.

'A형(사실형)'은 어떤 결정을 내리기에 앞서 신중한 태도를 보인다. 혼자 집중적으로 파고들기를 좋아하는 타입이다. 최종 판단까지는 상당한 시간이 걸린다. 자료와 정보가 많다. 분석적이고 논리적이며 비판적이다. 숫자를 잘 다루고 이익과 재물에 밝아 투자 사업에 적합한 유형이다.

'B형(형식형)'은 불확실성을 싫어해서 계획적이고 체계적이며 예방책을 마련한다. 무슨 일을 할 때 순서를 정해 계획적으로 추진하기 때문에 조직 내에서 믿을 만한 사람으로 평가받는 사람이 많다.

'C형(감정형)'은 인간미가 넘쳐 소통에 능하다. 감정직이고 타인의 반응에 민감하게 반응한다. 이런 상사와 일할 때는 무심코 던지는 말에도 조심해야 한다.

'D형(미래형)'은 모험을 좋아해서 새로운 것에 대한 호기심이 강하고 위험을 두려워하지 않는다. 추진력도 뛰어나다. 신규사업 개발, 전국 최초 시책 개발 등의 라벨이 붙는 사람이 이 유형에 속한다.

홀 브레인 기법에서 제시한 네 가지 유형 중 내가 속한 유형은 어떤 유형인가? 상사는 어떤 유형에 속하는가? 확인해보고 좋은 인간관계를 유지하는 것 또한 유능한 기획자가 갖춰야 할 자세다.

Case A. 네드 허먼의 '홀 브레인 기법 C형'의 사례

퇴사 직전까지 갔던 G직원의 황당한 경험을 소개한다. G는 과 서무에 있어 평소 보고서 작성과 업무 처리 능력으로 상사와 동료로부터 인정받는 직원이었다. 그런 그가 어느 날 다른 동료들과 야근하고 있는데 팀장이 사무실을 지나가다가 불이 켜진 것을 보고 들렀다.

팀장은 G에게 대뜸 "무슨 일이 있어서 이 시간까지 야근한다고 앉아 있느냐?"라고 물었다. 그러자 G는 그냥 "일이 있어 야근

합니다"라고 아무 생각 없이 말했다. 그러나 이 말이 화근이 되었다. 팀장은 얼굴이 벌게져서 팀장이 묻는 말에 꼬박꼬박 말대꾸한다면서 휑하니 나가버렸다. G는 순간 멍해져 머리가 하얗게 되었다. 오히려 "고생한다, 밥은 먹고 하느냐?"라고 격려해줘야 하는 것 아닌가 하는 생각이 들었다.

다음 날부터 팀장의 괴롭힘이 시작되었다. G가 결재서류를 가져가면 무조건 지적하고 퇴짜를 놓았다. 보통 3~4회를 지적하고 나서야 결재를 했다. G는 자신이 아직 부족하여 질책당하나 보다 하고 수정하고 또 수정하여 올렸다.

문제는 여기서 그치지 않았다. 팀장은 간부회의 내용을 과 서무에게 알려줘 과 전반의 일을 챙기도록 해야 함에도 전혀 알려주지 않았다. 그래서 G는 다른 부서와 비서실을 통해 지시사항을 파악해 업무를 챙겨야 하는 고달픈 직장생활을 해야 했다. 결국 국장급 상사가 이러한 사실을 알게 되었는데 상사와의 관계개선을 위한 처방으로 G는 교육을 다녀오게 하고 팀장은 다른 부서로 발령을 내렸다.

G는 교육을 다녀온 뒤로는 무탈하게 즐겁게 근무하게 되었다면서 그동안 겪었던 일을 나에게 들려주었다. G와 그의 상사가 홀 브레인 기법이 제시한 유형들을 알았더라면 의사소통과 관계 형성에 더욱 세심한 배려를 했을 것이고, 그러한 고통도 겪지 않았을 것이다.

G는 팀장이 C형 감정형이라는 점을 뒤늦게 알았다. 분명 팀장이 야근 때 했던 말은 유쾌한 표현이 아니었다. 그러나 팀장의 그러한 성향을 알았더라면 좀 더 조심했을 것이고 이러한 사태까지 가지는 않았을 것이다.

2 _____ ✒

보고서를 잘 쓰기 위한 네 가지 능력

보고서를 잘 쓴다는 것은 자신의 능력을 잘 어필할 수 있다는 것이고, 이런 능력으로 회사 내에서 인정받고 있다는 것이다. 그러나 그런 능력을 가진 직원은 부서나 회사에서 손가락 안에 든다. 이 책을 읽는 당신은 그런 소수의 능력 있는 직원이 되기를 바라서 훈련하고 노력하고 있을 것이다.

유능한 직원들의 이야기를 들어보면 이런 능력이 아무 노력 없이 한순간에 이뤄지는 것이 아니라는 사실을 알 수 있다. 평소에 습관이 될 정도로 훈련하고, 글쓰기를 연습하고, 인터넷에서 좋은 글을 보면 내려받아 자료로 활용하고, 최신 정보로 데이터를 업로드하여 관리한다. 그럼에도 새로운 안건이 발생할 때마다 긴장이 된다.

그렇다면 상사가 열광하는 보고서, 발탁되는 보고서를 쓰기 위해서 갖춰야 할 기본적인 능력은 무엇일까? 여기서 나는 세 가지를 말하고 싶다. 이 세 가지 능력은 누구나 노력하면 갖출 수 있다.

첫째는 기획력이다. 기획력은 생각하는 힘이다. 내가 이 보고서를 무엇 때문에 쓰는지, 왜 쓰는지 생각해보는 것이다.

둘째는 구상력이다. 구상력은 정리된 흐름으로 엮어내는 능력을 말한다. 즉 왜 하겠다는 것인지, 무엇을 하겠다는 것인지, 어떻게 한다는 것인지, 그래서 무엇이 달라지는지를 끌어내는 능력이다. 평상시 늘 생각해온 내용이다.

셋째는 표현력이다. 체계적으로 전달하는 능력을 말하며 구조성, 간결성, 직관성으로 분류한다. 구조화하고, 간결하게 쓰고, 한눈에 보이게 하는 능력을 말한다.

보고서를 잘 쓰기 위한 능력은 이 세 가지 능력으로 함축된다고 할 수 있다. 정리하면, 머릿속의 생각을 꺼내서, 구체화하고, 한눈에 보이도록 합치고 버리고 등을 통해 편집하여 표현하는 것이 보고서이고 기획서이다.

여기에 자료 수집 능력을 추가할 수 있다. 위에서 언급한 세 가지 능력이 충분히 갖추어졌다고 해도 충분한 정보가 없다면 좋은 보고서를 쓸 수 없다.

고객을 만족시키는 찐빵을 만들기 위해서는 밀가루와 물, 설탕, 소금, 팥소가 기본적인 속재료로 필요하다. 빵을 다양하고 예쁘게 만들 요리사와 빵을 쪄낼 도구도 있어야 한다. 이렇듯 흔히 먹는 작은 찐빵 하나를 만드는 데도 각종 재료와 요리사와 도구가 요구된다. 이 중 핵심은 팥소다. 진한 국산 팥을 사용하면 찐빵이 달달해질 것이고, 참깨와 참기름이 재료였다면 고소한 맛을 낼 것이다. 아예 팥소 없이 밀가루만 쪄낸다면 밋밋한 맛의 찐빵이 될 것이다.

이렇듯 보고서가 찐빵이라면 어떤 속재료를 넣느냐에 따라 상사와 고객을 열광시키는 달달한 보고서가 되기도 하고 고소한 보고서가 되기도 한다. 핵심 내용, 즉 속재료가 없는 찐빵은 그저 밋밋한 보고서가 될 뿐이다. 말하자면, 충분한 정보 및 자료 수집이 달달한 보고서를 만들어내는 데 큰 영향을 미친다는 것이다. 그렇다고 좋은 정보, 충분한 자료가 있다고 해서 모두가 좋은 보고서, 고객과 상사가 열광하는 보고서를 만들 수 있는 것은 아니다. 실력 있는 요리사가 실행 가능한 대안을 만들어내고, 간결하고 보기 좋은 주제가 최상급자를 만족시키는 보고서를 만들 수 있다.

3
보고서 작성자가 갖춰야 할 덕목

어떤 보고서가 칭찬받는가? 내가 쓴 보고서는 왜 칭찬받지 못하는가? 직장인이라면 모두가 갖는 궁금증이다. 이 궁금증을 해소하기 위해 보고서를 잘 쓰기 위해 기본적으로 갖춰야 할 6가지 덕목을 제시해본다.

✓ 업무 숙지 정도가 보고서의 수준이다.

보고서 내용에 대해 습득한 지식과 정보에 따라 보고서의 질이 달라진다. 관련 문제를 얼마나 숙지하고 있으며 관련 정보를 얼마나 확보하느냐에 따라 보고서의 질이 달라지는 것이다.

이를테면 A라는 정책을 추진하려면 그 정책에 대한 보고서 또는 추진계획서를 작성하여 상사나 관계자의 승인(결재)을 받아야 한다. 그러나 보고서 작성자가 정책을 이해하지 못한 상태에서 현지 상황의 사회적 흐름과 연동한 보고서를 작성할 수 있을까? A정책을 추진하기 위해서 어떤 절차를 이행해야 하고 어떤 과정들을 수행해야 하는지 숙지하지 못한 채 그 정책에 대한 보고서를 어떻게 작성할 수 있을까?

물론 나름대로 보고서 형식에 맞추어 작성할 수는 있을 것이다. 보고서에 추진 절차나 과정 모두를 반드시 담을 필요는 없으니 말이다. 타 기관의 보고서를 벤치마킹하여 작성하는 경우도 있다. 하지만 작성자가 숙지하지 못한 A정책을 시행한다 해도 과연 그 정책이 목표로 삼은 이익창출과 기대효과를 이끌어낼 수 있을까? 짐작하건대 비판이 더 많이 쏟아질 것이 자명하다.

이렇게 말하면 의아해하는 분도 있을 것이다. 왜 성공하지 않을 것이라 먼저 단정 지으려 하는가라고 말이다. 물론 성공할 수는 있다. 그러나 그 성공은 A정책을 현지 상황에 맞게 적용했을 때 성공한다는 것을 분명히 알아야 한다. 현지 상황을 맞게 적용 및 변형하려면 그 정책에 대해 정확한 이해와 숙지가 필요하다.

흔히 우리는 주변에서 정부 정책의 시행착오를 볼 수 있다. 임시방편으로 틀에 맞춰 작성한 정책보고서의 시행결과와 충분한 지식과 노력이 담긴 정책보고서의 추진결과는 엄청난 다른 양상으로 나타난다. 하나는 시행하자마자 중단되거나 사라져 없어지고, 하나는 수년 동안 국민의 행복지수를 높이면서 영글어간다.

✓ 업무를 추진하려는 의지와 자세를 담아라.

어떤 정책을 추진하기 위해서는 그 정책을 추진하려는 의지(정성)와 자세(노력)가 보고서에 담겨 있어야 한다. 그렇다면 그 의지와 자세를 보고서에 어떻게 담아 보여줄 것인가? 최상급자는 보고서를 보면 다 알 수 있다고 하는데 어떻게 알 수 있다는 것인가?

- · 보고서의 추진방향을 긍정적으로 이끌어내고 있는가?
- · 보고서를 성의 있게 보기 좋게 편집하였는가?
- · 보고서의 내용을 충분히 경쟁력 있게 작성하였는가?
- · 정책을 추진한 후 얻어지는 기대효과 또는 수익 창출을 예측하고 작성하려고 노력하였는가?
- · 사회적인 이슈나 흐름, 이해관계자의 요구사항을 담으려고 했는가?

이렇게 보고서의 항목 몇 가지를 살펴보면 작성자의 의지와 자세를 알 수 있다고 한다.

편집 상태가 알아보기 쉽게 간단명료하면서도 깔끔하게 작성되었다면 보고서의 내용 또한 알차게 작성하였을 것이다. 비교 데이터를 제시하고, 그래프로 시각화하고, 중요한 핵심 단어는 색상을 입혀 내용을 쉽게 파악할 수 있도록 한다. 이러한 흔적들이 상사로 하여금 보고서에 작성자의 의지와 정성이 담겨 있음을 느끼게 해준다.

또한, 상사가 꼭 알아야 할 사항이 있는 항목에는 찾음표를 붙여 보고서 내용을 쉽게 찾아 파악할 수 있도록 배려하는 노력도 잊지 않았으면 한다. 이러한 준비성 있는 태도가 보고서 작성자의 진정성을 보여준다.

✓ 상사나 고객의 관점에서 작성하라.

보고서를 상사나 고객이 원하는 방향대로 작성했는가, 하고 물으면 대부분의 사람들은 왜 그래야 하는지를 반문한다. 일부는 맞는 말이다. 보고서는 실무자가 전문적인 지식과 객관적인 자료를 토대로 종합적으로 정리하는 문서인데 왜 굳이 상사나 고객의 업무 성향을 파악하여 보고서 작성의 의미를 훼손시켜야 하는가, 자존심도 없냐고 말하는 직원도 있다. 그렇게 생각하는 것 또한 맞을 것이다.

보고서는 작성자가 검토한 내용을 근거에 의해 제시하고 결론지으면 된다. 그런데 왜 상사나 고객의 관점에서 작성하라고 하는 걸까?

결론부터 말해보자. 보고서는 왜 작성할까? 최상급자의 결재를 얻어 시책이나 정책으로 추진하고자 하기 때문이다. 그럼 최상급자의 결재를 받지 못하는 보고서는 어떻게 될까? 생각해보면 답이 나온다. 궁극적으로 보고서는 최종 결정권자의 결재를 받아야 비로소 세상으로 나와 빛을 보게 되어 정책의 시행, 사업의 시행이란 결과물을 얻을 수 있다.

사업의 시행이라는 보고서의 결과물을 얻기 위해 상사의 업무 성향을 파악하여 그에 맞는 보고서 유형을 선택하여 작성하였다고 가정해보자. 여기서 당신이 보고서를 작성하려는 의도나 목적, 정책의 내용 등 아무것도 바뀌는 것은 없다.

이해를 돕기 위해 예를 들어보자. 어떤 직원이 상사의 업무 성향에 맞추어 A3 접이식 보고서로 작성했다. 글씨체는 상사가 좋아하는 휴면명조체를 사용했다. 글씨 크기는 15pt를 사용했고, 핵심 내용 하단에 궁서체 10pt로 참고자료를 주석을 달아 설명했다. 그리고 현장 사진을 삽입하고, 문제점 및 대책과 사업 완료 후 기대효과를 수치화하여 비교 데이터를 사용했다.

나아가 사업의 시행 과정에서 제기될 문제점을 예측하고, 관련 고객을 만나 인터뷰하고 그 동향 등을 주석으로 달아주었다. 그렇게 함으로써 사업 추진 과정에서 일어날 수 있는 장애 요인을 사전에 파악하여 예방하고 대책을 마련할 수 있게 합리적인 의사결정이 가능하도록 적시했다. 결과적으로 이 직원이 작성한 보고서는 상사의 업무 성향에 맞을 뿐만 아니라 기본 정책의 방향을 바꾸지도 않았다.

✓ 보고서를 유기체 생물로 보라.

이 보고서가 목적하는 바가 무엇인지, 어필해야 하는 대상이 누구인지, 상사가 실제 필요로 하는 것이 무엇이며, 내심 원하는 것은 무엇인지 명확하게 파악하려고 노력해야 한다. 그러기 위해서 상사의 입장이 되어 질문해보자.

보고서의 내용은 상사나 고객과의 유기적인 관계를 구축하여 복합적으로 작성해야 한다. 그렇지 않으면 그 보고서는 생명력이 없는 글만을 적어놓은 종이에 불과하다. 보고서는 보고서라는 질그릇에 글이라는 유기체를 담아서 하나의 보배를 만들어야 그 가치를 발휘할 수 있다. 글이라는 유기체를 어떻게 담아내느냐에 따라 찌그러진 그릇이 만들어지기도 하고, 아름답고 빛나는 그릇이 만들어지기도 한다.

이와 같은 맥락에서 보고서를 무생물로 보는 것이 아니라 유기체, 즉 생명이 있는 것으로 보는 인식의 전환이 필요하다. 그런 관점에서 보고서를 작성하면 그만큼 애정이 갈 것이고, 그 결과는 대단히 다른 시너지를 가져다줄 것이다. 보고서는 인간과 사회현상과의 유기적인 관계가 이루어질 때 생명력을 갖는다.

✓ 보고는 타이밍이다.

보고 시기는 의사결정에 중요한 역할을 한다. 특히 재난상황과 같이 국민의 생명 및 재산과 관련된 사안일 경우는 더욱더 중요하다. 상사는 추진방향 설정이나 민원 해결을 위해 사전에 파악해야 할 내용과 정보를 보고서를 통해 제공받는다. 따라서 상사가 필요한 적절한 시기에 보고가 이뤄져야 한다.

상사가 문제 사안을 파악해서 의사결정을 내려야 하거나 최상급자에게 보고할 시점에 직원이 아무런 보고가 없다면(준비가 안

되어 있다면) 상사는 그 상황을 어떻게 정리해야 할까? 막연히 보고서를 올릴 때까지 기다려줘야 할까? 아니면 독촉해야 할까?

내가 직원이라면 독촉하는 상사를 신뢰할 것이다. 직원이 보고할 때까지 기다려주는 상사는 일하기는 편하겠지만 아마도 일하기 싫어하는 상사, 아니면 무능한 상사일 것이다. 어떤 이유에서든 상사나 직원 모두 최상급자에게 보고하지 않은 것은 사실이고 이로 인해 두 사람은 일하지 않는 무능한 직원으로 평가받거나 찍힘을 당하는 위기를 맞게 될 것이다.

잠깐 스트레스를 받더라도 최상급자에게 일 잘하는 직원으로 인정받고 싶다면 보고 시기를 놓치지 않도록 독촉해서 업무와 이미지 관리를 할 수 있게 챙겨주는 상사가 좋은 상사라고 조언하고 싶다.

반대로, 당신이 상사라면 어떤 직원과 함께 일하고 싶은가? 상사가 물어보지도 않았는데 문제 발생 상황을 적시에 보고한 A직원? 상사가 물어보니까 상황을 보고하는 B직원? 상사가 물으니 문제가 발생한 사실조차도 모르고 있는 C직원? 나는 당연히 A직원과 함께 일하겠다고 할 것이다.

보고 시기는 업무 추진 과정에서 다양한 양태로 접근할 수 있다. 즉 보고 시기는 상사가 보고받을 수 있는 심리상태나 시간적, 공간적 여건이 어떠한가에 따라 달라진다. 이를테면, 상사가 최상급자로부터 질책을 받고 온 상태이거나 민원과 다툼이 있어 흥분한 상태일 때 보고한다고 하면 보고가 잘 이뤄질까? 손님이 와 있거나 잠시 후 회의에 참석하러 가기 위해 서류를 검토하고 있거나 최상급자 호출을 받고 준비하고 있는데 보고한다고 하면 상사는 보고를 받을 수 있을까? "다음에 오세요" 또는 "놓고 가세요"라고 할 것이고, 상황이 좋지 못한 경우는 "지금 보고받게 됐어!"라고 버럭 화를 내는 상사를 만날지도 모른다. 정말 눈치 없는 직원이다. 다만, 현재 상사가 처한 상황과 관련되어 꼭 필요한 보고는 예외이다.

개인 작업을 하고 있거나 인터넷 강의를 듣고 있거나 인터넷 쇼핑이나 게임을 하는데 보고한다고 오면, 또는 쉬고 싶은데 보고하러 오면 상사는 달가워하지 않는다. 이런 경우 비서실에서 미리 차단되기도 한다. 이 외에도 상사의 상황이 좋지 않을 때 결재나 보고를 하러 가게 되면 보고서 자체에 흠결이 없는데도 트집을 잡아 짜증을 낼 확률이 높다.

상사에게서 어떤 질문을 받을지 걱정되어 고민하다가 보고서를 다 작성해놓고서도 보고할 골든타임을 놓치는 예도 있다. 언론보도 또는 동향보고 자료는 보도로 나가기 전에 상사에게 사전 보고되어야 한다. 이미 언론매체에서 보도가 된 후에 보고받는 보고서는 구물이 되어 그 가치를 잃는다. 당신이 상사라고 해보자. 이미 최상급자까지 보고할 내용을 알고 있고 언론보도까지 나간 자료를 뒤늦게 보고한다고 보고서를 가져온다면 그 직원이 과연 예쁘게 보일까? 당신이라면 어떻게 할 것인가? 그나마 좋은 보도라면 상사는 일시적으로 기분만 조금 나쁘고 지나가겠지만, 나쁜 민원 보도였다면 어떻게 수습할 것인가? 생각만 해도 아찔하지 않은가?

빠른 속도가 요구되는 보고의 경우는 날림이라 해도 빨리 작성하여 상사에게 제공하든지 아니면 구두보고나 전화보고로 먼저 상황을 전하고, 이후 상사의 지시를 받아 정식으로 보고서를 작성하는 것 또한 지혜로운 자세이다. 예를 들어보자. 임원회의에 참석하는 상사에게 드릴 보고서를 작성하지 못해서 재빨리 언론기사를 스크랩(복사, 프린트)하고 형광펜으로 핵심 내용만 표기해서 제공했다. 상사가 임원회의에서 그 자료를 토대로 중요한 핵심 이슈를 보고할 수 있었다고 한다면 직원의 재빠른 대처에 대해 절대 기분 나빠하지 않을 것이다.

상사에게 예의를 갖춘답시고 답답하게 종이 보고서만을 고집하는 직원을 종종 보기도 한다. 그러나 상사는 효용가치가 없는 종이 보고서를 제공받고 좋아할까? 상사는, 물론 예의 바른 부하직원을 좋아하겠지만, 상황에 맞게 때로는 형식보다 필요한 자료를 제때 제공받는 것을 더 중요하게 생각한다는 점을 명심하자. 상사에게 내가 작성한 보고서를 어필하여 인정받고 싶다면 보고 시기를 잘 맞추어 결재를 받거나 보고하는 것이 현명하다.

✓ 상사와 동료의 험담은 절대 하지 마라.

직장에서든 술자리에서든 상사와 동료 험담은 절대 해서는 안된다. 직장생활의 철칙이다. 그러나 직장생활에서 어쩌면 가장 좋은 안주가 상사나 동료들 험담일 것이다. 어딜 가나 조직원 중에는 동료나 상사를 험담하기 좋아하는 직원이 있기 마련이다. 앞에선 친한 척하지만 뒤에서 험담하는 행위, 절대, 절대 동조해서는 안 된다.

D직원이 R상사와 C동료 험담을 했는데 인신공격 수준은 아니었지만 그 말이 험담의 대상이었던 상사와 동료에게 전달되었다. 당연히 R과 C는 가슴에 담아둘 수밖에 없었고, D와 좋은 인간관계를 유지할 수 없게 되었다. 이후 D가 R에게 결재하거나 보고를 하면 자주 퇴짜를 맞거나 보완 지시가 떨어졌다. 한두 번도 아니고 매번 한 번에 통과하지 못하자 D는 결국 R에게 가서 무릎 끊고 사과했고, 사과한 후에야 비로소 결재가 원만히 이루어졌다. 이것은 실화다.

직장생활에서 아무리 일을 잘하고 보고서를 잘 쓴다 해도 뒤에서 상사를 험담하는 직원은 여러 형태로 불이익을 받게 된다. 결재 또는 업무 추진 과정에서 그 직원은 상사나 동료의 협조를 받지 못하고, 결국에는 일을 추진하는 데 있어 장애가 많아 지지부진해지거나 중단되는 지경까지도 이를 수 있다.

4
보고서는 휴대폰과 같다

　직장인에게 보고서는 휴대폰과 같다. 언제 어디서나, 어떤 상황에서도 필요한 형식에 맞게 작성되어 상사에게 제공되어야 한다. 상사는 그런 능력을 가진 직원을 좋아한다. 휴대폰에는 수많은 연락망과 정보가 담겨 있다. 휴대폰은 필요할 때 언제든지 꺼내어 불편을 해소하고 기쁨을 공유하기도 하는 유익한 물건이다. 보고서 역시 필요할 때 언제든지 유익한 정보를 담아 상사를 만족시켜야 한다. 회사에 유익한 정보를 제공해야 하고 민원의 불편 사항을 해소하는 데 사용돼야 한다.

　휴대폰이 필요한 때 충전되어 있지 않아 쓸 수 없다면 무용지물인 것과 같이 보고서 역시 보고할 필요성이 발생할 때 즉시 제공되어야 그 능력을 어필할 수 있고, 보고자의 능력을 인정받게 된다. 그래서 보고서는 상사와 통하는 문서, 상사와 통하는 글이라는 말도 있다. 하나의 일을 상황에 맞게 잘 받쳐주는 역할이 보고서의 기능이다. 그러므로 보고서는 상사와 통하는 지름길이기도 하다. 그 지름길은 보고서를 잘 써낸 직원이 쟁취해낼 것이다.

5 —————— ✒️
연습만이 답이다

잘 쓴(좋은) 보고서, 칭찬받는 보고서, 상사가 열광하는 보고서는 하루아침에 이루어지지 않는다. 피나는 노력과 훈련이 필요하다. 잘 쓴 보고서를 벤치마킹하는 방법도 좋다. 나는 여러 부서에서 오는 공문서를 공람하면서 눈에 확 들어오는 간결한 보고서, 내용이 충실한 보고서를 내려받아 형식에 따라 분류하여 파일로 관리했다. 그리고 수시로 연습했다. 행사보고서, 정책보고서, 제안보고서, 사업보고서, 인력동원보고서, 민원 관련 보고서, 한 장짜리 요약보고서 등등 구분해서 관리하고, 보고서에 쓰인 문구와 글씨체, 구성, 도표 등을 활용하여 보기 좋게 나만의 차별화된 특색 있는 보고서를 작성하는 연습을 꾸준히 했다.

보고서에 도표를 넣을 때도 색상이나 유형을 적절하게 활용해야 한다. 이러한 세세한 부분까지도 주의하여 정성과 혼을 담아 작성하다 보면 자신도 모르는 사이에 훌륭한 보고서를 작성할 수 있는 실력이 되어 있을 것이다.

보고서의 결론을 이끌어갈 때는 상사나 고객 관점에서 추론하여 작성해야 한다. 추진 과정도 내가 이 일을 추진한다면, 또는 이러이러한 부분을 개선한다면 더 차별화되고 효과적일 것이라는 생각으로 작성해야 한다.

이렇게 훈련을 반복하다 보면 어떤 과제가 주어질 때 자신도 모르게 그 과제에 대해 문제점과 원인, 대안이 동시에 구상된다. 그리고 이렇게 하면 여러 사람이 덜 힘들겠다는 생각이 자연스럽게 든다. 나아가 상대방의 처지를 이해하고 있는 자신을 발견하게 된다. 일정 기간 이 과정이 지나면 숙련된 보고서를 작성하는 "보고서의 달인"이라는 명예를 얻게 될 것이다.

사실 보고서를 작성하는 데는 정답이 없다. 내가 옳다고 생각하는 방식으로 보고서를 만들어도 된다. 아무리 잘 쓴 보고서도 결재권자마다 원하는 스타일이 다르므로 지적을 받을 수 있다. 지적당했다고 움츠릴 필요는 없다. 내가 만든 보고서가 틀린 게 아니라 추구하는 스타일이 다를 뿐이다. 그러므로 결재권자가 원하는 대로 그때그때 상황에 맞는 보고서를 작성하는 게 정답이다.

마크로밀엠브레인에서 19세 이상 직장인 578명을 대상으로 '직장생활에서 보고서 잘 쓰는 방법은 무엇이라고 생각하십니까?'라고 물었다. 그 결과는 다음 순이다.

① 요점만 파악하게 간략히 정리 52.6%

② 상사가 좋아하는 스타일에 맞춰 15.6%

③ 보고서 잘 쓰는 선배 벤치마킹 15.4%

④ 칭찬받았던 보고서 스타일대로 만든다. 8.8%

⑤ 그 분야에 정통한 선배에게 조언 구한다. 6.9%

 결론적으로, 보고서를 잘 쓰기 위해서는 주어진 과제나 기획하려는 목적과 내용의 핵심을 분명하고 간략하게 정리할 줄 알아야 한다. 또한 상사가 좋아하는 스타일에 맞춰 데이터와 자료 등을 보기 좋고 이해하기 쉽게, 시각적으로 간결하게 편집하는 능력이 중요하다.

6

상사가 추천하게 하라

 상사는 보고서를 잘 쓰는 직원을 좋아한다. 왜냐하면, 잘 쓴 보고서를 통해 상사는 자신이 해야 하는 크고 작은 일을 스트레스 받지 않고 계획대로 신속하게 추진할 수 있기 때문이다.

 보고서를 잘 쓰는 직원이 없으면 상사가 직접 보고서를 작성해야 하거나, 직원이 작성해 온 보고서를 하나하나 수정 및 보완해야 한다. 그렇게 되면 일 처리는 늦어지고 최상급자에게 상사 자신은 무능한 사람으로 인식되어 주요 부서에서 좌천되는 아픔을 맛보게 되기도 한다. 이로 인해 상사의 긴장감과 스트레스가 증폭되고, 그 스트레스는 부서의 직원들을 대상으로 폭발하게 될 것이다. 그 결과 상사는 인성 나쁜 성질 고약한 상사가 되어 회사 내 평판이 나빠질 뿐만 아니라 근무평정 역시 최하위 등급을 받는 등 악순환을 겪게 된다.

Case A. 상사를 돋보이게 한 보고서

A상사가 주민재난안전에 관한 대책회의에 참석했다. 동일한 안건임에도 불구하고 참석하는 부서의 장들이 가져오는 보고서는 제각기 달랐다. 형식도 달랐고, 글씨체도 달랐고, 보고 내용도 제각기 다른 접근이었다. 그러다 보니 최종 의사결정자는 혼란에 빠지게 되었다.

결국 각 부서의 장들에게 보고서를 서면으로 제출하라는 지시를 끝으로 회의를 마쳤다. 보고서를 서면으로 취합해서 각 보고의 취약점과 장단점, 대책안 등을 종합적으로 검토하여 최종 의사결정을 하기 위해서다. 이렇듯 동일한 안건이지만 보고서는 다양한 문서가 생성될 수 있다.

간부회의에 다녀온 A는 경쟁 부서의 장이 가져온 보고서에 비해 자신이 가져간 보고서가 차별화된 것을 알고는 자신의 입지를 세워준 직원을 칭찬했다. 이후 다른 부서로 발령이 난 A는 그 직원을 추천하여 같은 부서로 배치했고 승진까지 시켜줬다.

당신도 보고서라는 도구를 통해 자신이 가지고 있는 능력을 마음껏 발휘할 기회를 얻기 바란다. 상사에게 자신의 능력을 당당하게 어필하고, 당신이 가지고 있는 비전과 정책을 보고서에 담아 추진하는 영광을 누리기 바란다.

7
성공적인 직장생활을 위한 8:2 법칙

직장생활의 성공법칙으로 '8:2 법칙'을 소개하고자 한다. 여기서 8은 '업무', 2는 '직장 내 인간관계와 사생활'을 말한다. 5:5도 아니고 8:2는 과한 것 아닌가, 나는 직장의 노예가 될 수 없다고 따지는 사람이 있을 수도 있다. 당연히 직장의 노예가 되는 것은 현명하지 않다. 그럼에도 직장에서 성공하고 싶다면 8:2 법칙을 따라야 먼저 승진도 하고, 인정도 받고, 자신의 욕망을 성취해나갈 수 있다.

잠시 나의 직장생활과 사생활의 비율을 점검해보자. 나의 직장생활 비중은 어느 정도인가? 8인데도 동기보다 승진도 잘 안 되고 매번 제자리인가? 그것은 분명 아닐 것이다. 일반적으로 직장인들에게 질문해보면 6:4 이하이다. 그나마 일을 조금 많이 한다고 하는 경우는 7:3 정도이다. 인정하기 싫지만 나의 직장생활도 그랬다. 보고서 작성도 대충, 업무를 챙기는 것도 대충, 상사로부터 질책당하지 않을 정도로만 하면 된다는 식이었다.

그렇다면 승진에서 누락된 것에 대해 스트레스 받거나 불만을 품지 말자. 내가 일한 만큼의 대우를 받은 것으로 생각하자. 직장생활에 대한 나의 가치관이 인간관계 중심이었다면 동료와 상사와의 좋은 관계를 즐기며 만족하자.

기획실에 근무하는 S는 자긍심이 너무 높은 나머지 다른 직원들이 작성한 보고서는 모두 부족하거나 흠결이 있는 보고서로 치부했다. 자신보다 보고서를 더 잘 작성하는 직원은 없다고 당당하게 말할 정도였다. 그런 S의 자만심은 나름대로 일은 잘했기 때문에 어느 정도 용인되었다.

그러나 S는 정작 자신이 속한 부서의 중요성과 직장생활의 요령에 대해서는 모르는 듯했다. 기획실은 업무를 시작하기 전 임원진과 회의를 하면서 하루 일과와 당면 주요 업무를 논의하고 지시를 받는다. 그래서 수뇌부의 기획실에 근무하는 직원은 다른 직원보다 30분에서 한 시간 일찍 출근하여 상사의 임원회의 참석에 필요한 자료를 챙기거나 특별한 지시를 기다린다. 이러한 수고를 하기에 기획실 근무자는 다른 직원보다 빨리 승진하는 영광을 누린다.

그러한 부서의 근무 여건임에도 S는 아홉 시가 임박하여 출근하기 일쑤였고, 상사가 임원회의에 참석하든 말든 자신의 업무가 아니라고 생각한 듯 신경도 쓰지 않았다. 수시로 다른 부서 직원들과 차를 마시고 잡담하며 자리를 자주 비우기까지 했다.

그러다 승진 인사 때만 되면 S는 인사 관련 정보에 촉각을 세우며 복도통신에 집중했다. 일과 부서와의 협력에는 관심이 없는 대신 수시로 국장실에 드나들면서 자신을 어필하고 골프 동호회 활동 등 좋은 인간관계를 형성하기 위한 노력했다. 그러나 S는 무려 네 번이나 승진 심사에서 탈락했다. 과연 S의 문제는 무엇이었을까?

하루는 안타까운 마음에 S와 면담을 하게 되었다. 직장생활에서 업무와 사생활의 비중을 어느 정도로 두고 일하느냐고 내가 묻자 S는 업무는 2, 인간관계가 8, 즉 2:8로 일한다고 했다. 말하자면 근무시간에 업무는 하지 않고 직원들과 차 마시며 잡담하는 데 더 치중하고 있다는 것이다. 그러한 가치관을 갖고 업무를 수행하면서 승진을 기대한다는 것인데 비난받아도 할 말이 없을 것이다. 결국 S는 기획실에서 승진도 못 하고 좌천되었다.

당신은 위 사례를 보고 어떤 직장인이 바람직하다고 생각되는가? 직장에서 인정받고 성공하고 싶다면 직장생활을 어떻게 해야 할까? 스스로 점검해보자.

8
상사가 좋아하는 직원, 싫어하는 직원

직장생활을 하다 보면 보고서를 쓸 일이 자주 있다. 그러나 막상 보고서를 작성하려고 하면 무엇부터 해야 할지 생각나지 않고 머릿속이 하얗게 된다. 그래서 전임자가 해놓은 보고서를 약간 수정해서 사용하기도 한다. 말하자면 선배의 보고서를 베끼는 것이다. 고러면 상사는 "아 그래, 그렇게 추진한다고?"라는 정도의 반응을 보이거나, "다시 검토해봐"라며 결재를 하지 않는 경우가 있다.

결재를 한다 해도 상사는 이 보고서가 상급기관에서 시달한 계획서와 다를 게 없이 기관명만 고친 것을, 또는 전임자의 보고서와 같다는 것을 알고 있다. 그런데도 결재를 하는 이유는 창의성은 없지만 크게 하자 있는 것도 아니고, 굳이 직원과 불편한 인간관계를 형성하고 싶지 않기 때문이다. 또는 내가 직접 추진할 것도 아닌데 세세하게 알 필요 없지 않느냐 하는 생각을 한다. "그냥 네가 알아서 해"라는 메시지인 것이다. 아니면 어차피 이 일은 추진되지 못할 텐데 하고 생각하는 경우도 있다.

상사가 어떤 생각을 하고 결재했느냐가 중요한 게 아니라 결재를 했다라는 사실이 중요하다고 말할 수도 있을 것이다. 어쩌면 그 말은 맞는 말이다. 문서의 효력은 결재함으로써 발생하기 때문이다. 그럼 이렇게까지 구구절절 보고서의 중요성을 설명하는 것은 왜일까? 이런 것은 기본 상식 아닌가? 그렇다, 기본 상식이다. 그런데 그 기본 상식을 망각하는 행동을 종종 한다는 것이 문제다. 그래서 강조하고 또 강조한다.

문서의 효력이 결재함으로써 발생한다는 말은 보고서는 결재하기 전까지는 종이에 불과하다는 말이기도 하다. 이처럼 결재를 받는다는 것은 매우 중요하다.

결재를 잘 받으려면 어떻게 준비해야 할까, 왜 결재를 한 번에 받지 못하는 걸까, 결재를 한 번에 통과하는 서류는 어떻게 작성해야 할까, 퇴짜 맞는 보고서에는 공통적으로 어떤 문제가 있을까 등에 대해 파악하기보다 상사의 편향적인 성격 탓으로 돌리거나, 상사가 그 업무를 이해하지 못하고 있다고 불만을 토로하는 직원들이 많다. "직원인 나보다도 업무에 대해 잘 알지도 못하면서 상사랍시고…… 대충 넘어가도 되는데 되게 깐깐하게 구네"라며 험담을 늘어놓으며 자신의 흠결을 덮으려고만 한다. 이렇게 되면 상사와의 인간관계에 균열이 생기고, 그 균열로 매사에 불만을 품게 되면서 업무의 능률은 오르지 않고 점점 도태되어간다.

실로 안타까운 모습들이다. 보고서를 잘 쓰는 사람이라고 처음부터 잘 썼던 것은 아니다. 피나는 연습과 훈련을 거듭하고 업무연찬과 자기계발에 투자한 결과이다. 신입 시절 처음 보고서를 작성할 때는 선배들의 잘 쓴 보고서를 참고하거나, 관련 서적을 읽고 잘 써보려고 연습하기도 하고 교육을 받기도 한다. 이러한 노력이 축적되어 성공한 직장인이 되어가는 것이다. 이 초심을 잊지 말자.

'상사는 어떤 유형의 보고서를 싫어하는가?'라는 질문에 다음과 같은 답변을 받았다. 첫째, 제출 시점이 늦은 보고서. 둘째, 할 수 없다는 부정적인 결론을 내린 보고서. 셋째, 결론이 없으면서 장황하게 긴 보고서. 넷째, 세부계획이 없거나 내용과 편집 상태가 불성실한 보고서. 이런 보고서에 대해 '상사는 어떤 생각을 하고, 왜 싫어할까?'라고 물어보았다. 이 경우 상사는 다음과 같은 생각이 든다고 대답했다.

· 업무 추진 능력이 없거나, 보고서 작성 능력이 없다.
· 업무를 파악하고 있지 않거나, 분석 능력이 없다.
· 업무 처리 속도가 느리다.
· 추진력이 없거나 추진할 의지가 없다.
· 상사의 말을 무시한다.
· 매사에 반항적이고 부정적이다.
· 부서나 상사에게 불만이 많다.
· 컴퓨터 활용 능력이 없다.
· 관련 업무에 이권이 개입되어 있다. 그래서 일부러 일을 추진

하지 않거나 늦장을 부린다.

당신이 직원이라면 최소한 이러한 오해는 받지 않기를 바란다. 그리고 상사라면 이러한 나쁜 생각을 버리자. 부하직원을 믿어주고 격려하자. 선배들이 자주 하는 말이 있다. "나를 믿어주는 사람에게는 충성을 다하지만, 나를 불신하고 의심하는 자에게는 충성하지 않는다."

상사는 직원의 능력을 표출할 수 있도록 환경을 만들어 능력자로 훈련시키는 의무를 갖는다. 나와 함께 일을 하는 직원과 동료를 나쁜 생각으로 경계한다면 내 가족을 의심하는 것이나 다를 바 없다. 그러나 상사라고 무조건 직원을 좋아할 수는 없다. 성인군자가 아니다. 일반적으로 상사가 힘들어하는 직원은 다음과 같다.

· 꼭 물어봐야 보고하는 직원.
· 문제가 커져야 보고하는 직원.
· 눈치코치 없이 아무 때나 와서 보고하는 직원.
· 모호하게 말하는 직원.
· 의도가 뭔지 모르게 횡설수설하는 직원.
· 자기 업무가 가장 중요하고 본인이 최고라고 생각하는 직원.
· 한 가지 일을 해놓고도 자신이 모든 것을 다 했다고 자랑하는

직원.

· 회사에서 사적인 것을 자랑하기 좋아하는 직원.

· 보고를 아부하는 것이라 생각하고 아예 보고하지 않는 직원.

　마지막에 언급한, 직원으로서 당연히 해야 할 의무를 '아부'라고 생각하는 직원도 있다니 참으로 어이없고 안타깝다. 혹여 이러한 생각이 있다면 빨리 버리자. 이는 자신의 정신을 좀먹는 행위이다.

　당신은 위의 항목에서 몇 개에 해당하는가? 나는 과연 상사가 좋아하는 직원인가, 싫어하는 직원인가? 나의 문제는 무엇인지, 무엇을 바꿔야 하는지를 생각해보는 시간을 가져보자.

4장

상사가
열광하는
보고서

1 상사가 열광하는 이유

직장인이라면 누구나 보고서(기획서)를 잘 쓰고 싶어 한다. 그래서 이에 대해 고민을 많이 하지만 칭찬받는 보고서와 그렇지 못한 보고서에 대해서는 잘 모르는 것 같다. 보고서 작성에는 여러 복합적인 요인이 적용되기 때문에 어떤 방법이 옳다 그르다고 말할 수는 없다. 그럼에도 상사가 열광하는 보고서에는 나름의 작성법이라는 것이 있지 않을까?

한번은 상사가 입이 마르도록 칭찬을 하기에 궁금해서 보고서를 한 장 받아 살펴보았다. 내 눈에는 다른 보고서와 별반 차이가 없어 보였다. 그런데 왜 그토록 상사는 회의석상에서나 술자리에서 그 직원이 쓴 보고서를 칭찬하는 걸까 의구심이 들었다.

모든 직장인은 독창적이고 톡톡 튀는 보고서를 작성하여 칭찬받고 인정받기를 원한다. 상사가 좋아하는 보고서, 과연 어떤 것이며, 어떤 차이가 있을까?

상사가 좋아하는 보고서는 다음과 같다.

① 제출 시점이 빠르거나 내용이 충실한 보고서.

② 실현 가능한 결론으로 이끌어낸 보고서.

③ 비교 데이터를 제시한 경쟁력 있는 보고서.

④ 효과를 수치화하여 기대치(수익 창출)를 예측할 수 있도록 작성한 보고서

✓ 상사는 제출 시점이 빠르거나 내용이 충실한 보고서를 좋아한다.

검토할 시간을 충분히 주어 심리적 안정함을 갖게 한다는 것이다. 조금 부족한 점이 있어도 상사가 채워줄 수 있는 역할을 주어 자존감을 세워주는 부분이 있기 때문에 오히려 더 좋아하게 된다고도 한다. 무엇보다 최상급자에게 보고하기까지 보완할 시간적 여유가 있어서 좋다고 한다.

그런데 현실에서는 대부분의 부하직원들이 능력자도 아니면서 완벽하게 작성해서 가져오려고 한다면서 상사는 불만스럽게 말한다.

"보고할 시간이 임박해서 가져오면 어쩌자는 건데? 최상급자의 결재 시간은 정해져 있는데 언제 검토해서 결재해달라고 할 건가? 참으로 그것은 아니라고 봐요. 영 답답할 때가 많아요. 혹은 사안이 당장 내일 시행해야 하는 문건인데도 퇴근 전에 가져와서 결재해달라고 들이민다거나 최상급자 결재 시간이 임박할 때 가져오면, 나는 읽어보지도 못하고 어쩔 수 없이 결재할 때가 많아요. 오히려 그것을 이용하는 직원도 있어요."

"물론 믿고 결재하는 것은 좋지만 최소한 무슨 내용인지, 잘못된 부분은 없는지 결재권자로서 살펴볼 시간적 여유는 줘야 하지 않겠어요?"

그의 말에 나도 동감한다. 자신의 서명이 들어간 서류의 내용을 모른다면 불안하지 않을까?

직원들도 나름의 고충을 얘기한다. 시행 시간이 임박해서 시간적 여유를 주지도 않고 지시하면서 그런 말을 한다면 그건 아니지요, 하고 화를 낸다. 그 고충도 이해는 간다.

나는 평소에 상급기관에서 좋은 보고서가 오면 유형별로 내려받아 파일로 정리해둔다. 그리고 그림, 도형, 아이콘, 데이터는 항상 최신 데이터로 업로드해놓는다. 이러한 작업을 평상시 해놓으면 급하게 비슷한 유형의 보고서를 작성할 때 유용하게 활용할 수 있다. 보고서를 꾸밀 때도 그림이나 도형을 활용해서 나만의 보고서로 재편집할 수 있다.

상사가 급하게 보고서 작성을 지시할 때는 내려받아둔 자료에서 유사한 유형을 바로바로 찾아서 활용하니 상사가 원하는 보고서를 빨리 작성할 수 있다. 그리고 장수가 많은 보고서는 반드시 요약보고서를 작성해서 상사에게 별도로 전달한다. 이렇게 하면서 결재해줄 것을 부탁드리면, 상사는 기분 좋게 결재해준다. 요약보고서를 통해 상사는 보고서 내용을 차분히 파악할 수 있고 업무 흐름을 인지하면서 직원에 대한 신뢰감을 느낄 수 있다.

✓ **상사는 실현 가능한 결론으로 이끌어낸 보고서를 좋아한다.**

상사나 고객이 가장 중요하게 생각하는 가치는 '시원한 대답', '집요한 천착(어떤 원인이나 내용 따위를 따지고 파고들어 알려고 하거나 연구함)', '솔깃한 권유'이다. 중요하지 않은 내용은 과감하게 줄여야 한다.

보고서를 작성하는 목적은 주어진 문제를 원인을 분석하여 해결하고자 하는 것이다. 그런데 부하직원이 "이 과제는 이러이러한 문제로 추진이 어렵습니다"라고 보고한다. 당신이 상사라면 어떻게 할까? 보고서의 내용만 보면 아주 정갈하게 나무랄 데 없이 잘 작성하고 비교분석 데이터까지 삽입하여 보기 좋게 작성되었다. 그런데 결론은 "이 문제는 추진하기 어렵습니다"이다. 만약 당신이 상사라면 결재할 수 있겠는가?

이 과제는 ~한 문제로 추진이 어렵습니다.

이 과제는 추진하면 ~한 효과를 가져와 바람직하지 않습니다.

이 과제는 추진하면 ~한 효과를 가져와 바람직하지 않습니다. ~을 ~하게 추진한다면 오히려 기대효과가 크다고 분석됩니다.

"이 과제는 추진하면 오히려 ~한 효과를 가져와 바람직하지 않습니다"라고 작성했다면, "아, 그렇군요. 그럼 어떻게 하면 좋겠는지 연구해보세요"라고 할 것이다. 더 바람직한 것은 "이 과제는 추진하면 ~한 효과를 가져와 바람직하지 않지만, ~을 ~하게 추진한다면 오히려 기대효과가 크다고 분석됩니다"라는 보고서다. 이런 보고서야말로 상사가 열광하는 보고서이다.

✓ 상사는 비교 데이터를 제시한 경쟁력 있는 보고서를 좋아한다.

그래프를 이용해서 비교 데이터를 한눈에 알아볼 수 있도록 작성하여 경쟁력 있는 결론을 도출해낼 수 있도록 하는 보고서를 상사는 좋아한다. 향후 얻어지는 기대효과를 예측할 수 있도록 계량화한 수치를 제시하여 의사결정을 용이하게 작성한다면 상사는 매우 만족해한다.

사안별로 다르겠지만 동일한 사안이 다른 곳에선 어떻게 추진되고 있을까? 또는 이 건에 대한 주민들 생각은 어떨까? 의사결정을 내리기 어렵다. 그런데 보고서에 비교분석할 수 있는 명확한 데이터가 있다면 상사는 심리적으로 안정감을 갖고 보고서를 신뢰하게 된다. 명확한 자료와 기준이 없어 애매한 상태에서 무언가를 결정하고 차후에 그 일에 대해 책임져야 하는 부담감을 덜 수 있기 때문이다.

✓ 상사는 효과를 수치화하여 기대치(수익 창출)를 예측할 수 있도록 작성한 보고서를 좋아한다.

직원들이 보고서를 가져와 보고할 때면 흔히 '기대효과'에 대해 '목적'이나 '필요성' 항목에서 언급한 그대로 서술한다고 한다. 이 사업을 추진하면 어떤 효과를 거둘 수 있는지를 계량화, 수치화하여 제시하면 좋겠는데, 그렇게 작성해 온 직원들이 거의 없다고 아쉬워한다.

'기대효과'는 사업을 추진해서 얻는 결과물을 수치화 또는 계량화하여 표현하는 항목이다. 예측 가능한 통계치로 제시하였다는 것은 그만큼 문제와 원인에 대한 분석과 연구를 했다는 것이기 때문에 신뢰감이 든다. 또 대내외적으로 홍보자료로 활용하기 좋은 보고서이다. 전년 또는 기존과 대비하여 사업 완료 후의 기대치와 효과를 제시한 보고서라면 상사는 열광하지 않을 수 없다.

이 외에도 보고서는 논리성, 일관성 및 통일성을 유지해야 하

고, 물 흐르듯이 깔끔하게 작성해야 한다. 보고서의 표현 방식은
간결하되 필요할 때 연결조사나 접속어를 적절히 사용하여 애
매한 표현이 되지 않도록 주의해야 한다.

좋은 보고 사례

(최고 의사결정자는 결론, 전체 경향과 비용, 민심 여론에 관심
이 있다.)

· 설비기계실 건물이 매우 낡아 당장 유지보수가 필요하다.
· 이번에도 난방밸브가 고장이 나서 직원들의 불만이 높았다.
· 유지보수비는 에너지관리공단의 융자로 해결할 수 있다.
· 융자금 상환은 연료비의 절약으로 해결할 수 있다. (데이터
제시)

상사가 열광하는 보고서에 정답은 없다. 상황과 시기에 적절하
게 그때그때 형태가 달라지고, 내용이 달라지고, 핵심이 달라지
고, 데이터가 달라진다. 다만, 많은 직원들은 자신의 상사가 간단
명료하고 깔끔하게 작성한 보고서, 체계적이고 논리적이면서 일
관성 있는 보고서를 좋아한다고 말한다. 또 초점이 명확하고, 문
제의 원인을 정확히 파악한 보고서가 올바른 의사결정에 도움
이 되기에 좋아한다고 말한다. 현장 실태를 정확히 담은 보고서,
이를테면 공사 전후 사진을 보고서에 담아주면 상황을 더 잘 판

단할 수 있어 열광한다고 한다.

좀 더 욕심을 내어, 도표 형식의 데이터보다는 그래프를 삽입하여 시각적 효과를 낸 입체적인 보고서를 작성해주면 좋다. 이때 데이터 출처를 분명하게 적시해주면 안심하고 그 데이터를 신뢰할 수 있다. 그래서 데이터와 관계 법령을 사용할 경우는 최신 정보로 확실한 객관적인 자료를 적용해야 한다.

상사는 무엇보다 작성자의 입장이 아니라 보고를 받는 상사 관점에서 작성한 보고서를 좋아한다. 작성자 관점에서 쓰면 보고서의 전체 흐름이 단편적일 뿐만 아니라 결론을 이끌어내는 추론이 상사가 원하는 방향과 맞지 않게 된다. 문제해결의 방향성이 달라지는 것이다.

어느 상사의 말에 따르면, "상사 관점에서 작성하세요"라고 하면 많은 직원들이 상사의 비위를 맞추는 보고서를 쓰라는 지시라 생각하고 처음부터 거부감을 느낀다고 한다. 그런 생각 때문에 스트레스를 받게 되는 것이다. 말하자면 보고서로 받는 스트레스는 직원 자신 때문이라는 얘기다. 설명을 들으니 그 말에 공감이 간다. 상사는 직원들이 보고서의 목적과 용도를 분명히 알고 작성하길 바란다.

상사가 열광하는 보고서를 작성할 때 항상 잊지 말아야 할 기본적인 개념이 있다.

- 보고서는 나의 얼굴이자 실력을 입증하는 도구이다.
- 재활용한 보고서는 100점이 나올 수 없다.
- 인생은 타이밍이고 보고서도 타이밍이다.
- 생각은 풍부하게, 작성은 짧고 간결하게 하자.
- 보고서 전달 방식에도 정성을 들여라.
- 문서 작성은 시스템적 사고로 한다.

2
잘 쓴 보고서는 문제를 해결한다

상사는 잘 쓴 보고서를 보면 그 일(사업)을 추진하는 데 난제가 많다는 것을 알면서도 결재를 해준다. 왜일까? 사례 속에서 그 이유를 살펴보자.

Case A. 오랜 숙원사업을 해결하다.

육지에서 40분 이상 선박으로 이동해야 하는 외딴섬 Y. 2002년 당시 수도가 공급되지 않아 지하수 담수화 시설로 식수를 해결하고 있었다. 그러다 보니 섬 주민들이 각종 질병에 쉽게 노출되고, 성인병에 걸리는 확률이 높았다. 그동안 이 섬에 수도 공급이 시급하다는 건의를 수년 동안 여러 차례에 걸쳐 하고 민원을 제기했는데도 시는 반영하지 않았다. 이유는 바다를 관통하는 공사가 될 텐데 바닥이 모래여서 관을 지탱할 지반이 약하고 모래로 인해 수도관이 잘 막히게 되어 시설하기 어렵다는 것이었다. 또한, 수도관을 끌어올 곳이 육지와 너무 멀어 공사비가 터무니없게 많이 든다는 것이었다.

섬 주민들은 냉가슴 앓듯이 생활하고 있었다. 소금 성분 때문에 목욕도 못 해 시내로 나와서 해야 했고, 식수도 시내권에서 생수를 사서 사용해야 했다. 젊은 사람들은 육아와 교육 문제 등 생활 불편으로 섬을 떠났고, 고령자만 섬을 지키고 있었다.

그러던 중 2002년에 출장소장 J가 발령받아 왔다. J는 마을을 순회하면서 주민들의 생활 불편과 건강상의 문제점 그리고 오랜 숙원사업에 대해 알게 되었다. J는 왜 그동안 제출한 건의서와 보고서, 민원서류가 반영되지 못했는가를 깊이 있게 검토했다. 그리고 보고서와 건의서의 방향성이 잘못되었고, 이차적으로 행정 절차에 보완할 사항이 있다는 것을 발견했다.

문제점과 원인을 파악했으니 이제 보고서라는 실탄만 장전하면 되었다. J는 최상급자가 결재할 수밖에 없는 진정성 있고 현장감 있는 차별화된 보고서를 작성하여 시청에 제출했다. 그 결과, 드디어 보고서가 반영되어 오랜 염원이었던 상수도 공급 시설비 5천만 원이 예산에 편성되었다. 수년 동안 해결하지 못한 지역 주민의 숙원사업이 차별화된 보고서로 인하여 진행되었고,

지금은 섬 주민들이 안심하고 깨끗한 물을 마실 수 있는 행복을 누리고 있다. J는 섬 주민들의 칭송을 받았을 뿐만 아니라 동료들 사이에서도 능력을 인정받았다.

Case B. 승소사건의 포상금 지급 사례

고질적인 민원으로 인한 민사소송 및 행정소송이 40여 건이 넘은 Y시. 이를 해결하기 위해 소송을 승소로 이끌어낸 직원에게 포상금을 지급하는 포상제도를 도입했다.

G팀장은 직접 포상금 지급 계획서를 작성하여 결재를 올렸으나 최상급자의 결재를 받지 못했다. 직원 J는 실무자로서 소송 수행자들의 고생을 누구보다도 잘 알기에 포상금을 지급할 수 없게 되자 너무 안타까웠다. J는 용기를 내서 G에게 말했다. "팀장님 제가 다시 한번 결재를 올려볼까요?" G는 자존심이 상했지만 '너라고 별수 있겠느냐'란 생각에서 "그래 한번 갔다와봐" 하며 작성한 계획서를 건네줬다.

J는 G가 작성한 지급 계획서의 내용을 검토해보니 중요한 사실을 발견하게 되었다. 포상금 지급 계획의 주요 방향이 잘못 설정되어 있었던 것이다. J는 보고서의 몇 가지 내용을 수정하여 다시 결재 라인을 거쳐 최상급자의 결재까지 무난히 받게 되었다.

G팀장의 지급 계획서와 직원 J의 계획서 사이에 어떤 차이점이 있었는지 살펴보자. 동일한 목적과 동일한 대상의 지급 계획서인데 왜 G의 보고서는 결재를 받지 못하고, 부하직원인 J가 가져간 보고서는 결재를 받았을까? 과연 지급 계획서에 어떤 차이가 있을까?

G팀장의 초점

"그동안 직원이 업무를 잘못 수행해서 민원이 발생한 소송 사건에서 승소했다."

J직원의 초점

"몇십 년 전부터 이어온 고질적 민원의 소송 사건으로, 현재 소송 수행자가 민원을 해결하여 승소했다."

어떤 차이점을 발견했는가? G는 직원이 잘못해서 소송 사건이 발생하였다는 데 초점을 두고 있다. 이를 본 최상급자는 직원이 잘못했는데 포상금을 왜 지급하느냐면서 결재를 하지 않았다고 한다. 즉 직원들이 업무 처리를 잘못했기 때문에 포상금을 지급해서는 안 된다는 판단을 유도한 지급 계획서였다. 반면에, J는 수십 년 된 민원의 소송 사건에 대해 현재 소송 수행자들이 고생하여 민원을 해결하였다는 데 초점을 두었다. 포상금 지급 대상자는 고질적 민원을 해결한 현재의 소송 수행자이다. 따라서 마땅히 포상금을 지급해야 한다는 판단을 유도한 지급 계획서였다. 문제해결 방향의 초점이 달라지면서 최상급자가 포상금을 지급할 수 있도록 이끌어낸 모범 사례다.

이 사례가 입소문이 났고, J는 동료들을 위해 분투한 노력과 보고서 작성 능력을 높이 평가받게 되었다. 그 후 주요 부서로 발탁되었고, 나중에는 팀장으로 승진했다.

3
누구도 흉내 낼 수 없다

동일한 보고서란 있을 수 없다. 작성 목적과 상황, 시점, 보고 대상 등이 모두 다르므로 같은 보고서를 작성할 수 없다. 보고 시점마다 현상들이 각기 다르게 나타나고, 조치할 사안도 각기 다르게 처리된다. 한번 보고한 내용을 똑같이 보고한다면 어떻게 되겠는가.

또한 작성자의 스타일, 보고받을 상사와 고객이 원하는 바가 다르므로 보고서의 형식과 내용이 동일하더라도 각기 다르게 작성될 수밖에 없다. 보고서 작성자 개인이 가지고 있는 성향과 능력이 각기 다르다는 점도 인정해야 한다. 이를 통해 나름의 통찰력과 문제해결력으로 상사와 고객 관점에서 가장 적합한 보고서를 작성할 수 있을 것이다. 자신이 최고 의사결정자나 CEO가 되어 고객 관점에서 어떤 문제해결을 원하는지를 파악하고 작성한다면 분명 매우 훌륭한 보고서가 될 것이다.

예를 들어보자. 한 시간 전 강우량이 100㎜였을 때의 대처 방법과 한 시간 후 강우량이 300㎜일 때 대처 방법은 분명 달라야 한다. 그런데 이미 300㎜로 범람한 시점에 100㎜ 때와 동일한 계획안으로 조치한다면 300㎜ 강우량의 피해는 엄청날 것은 자명한다. 이렇듯 보고서는 상황에 따라 보고하는 시점과 대상, 상황 등에 따라 내용도, 조치계획도, 추진 일정도 다르게 적용되어야 한다. 동일한 보고서는 없다는 결론이다.

A라는 회사 대표가 직원 열 명을 모아놓고 말했다. "~라는 문제에 대해 ~라는 성과물을 거두고 싶다. 여러분이 CEO라면 어떻게 하겠는가?" 대표는 30분 이내로 보고서를 작성하여 제출하도록 지시했다.

당연한 얘기지만, 결과는 열 명의 직원 모두 달랐다. 동일한 보고서가 한 건도 없었다. 우선 형식이 다르고, 글씨체와 크기도 제각기 다르고, 항목 배열도 달랐다. 핵심 내용도 각각 다르게 다루었고, 추진 방법과 처리 기한도 달랐다. 성과물에 대해 각기 다른 측정치가 나왔던 것이다.

보고서 종이 형식도 달랐다. 어떤 직원은 A4에, 어떤 직원은

A3 절반 접이식으로 작성하였고, 어떤 직원은 한 장짜리 보고서를 작성했다. 30분이라는 짧은 시간이 주어졌지만 그래프, 아이콘, 사진을 가져다 활용하기도 했고 다른 경쟁사의 데이터를 제시하기도 했다.

이걸 보면 보고서를 작성하는 데 시간이 없다는 말은 설득력이 없으며, 동일한 사안에 대해 동일한 보고서도 없다는 사실을 알 수 있다. 이미 보고한 보고서를 재활용하는 보고서는 보고서로서 가치가 없다. 다만 데이터나 추진상황, 흐름을 파악하는 등 참고자료로 활용할 수는 있다.

혹자는 상사가 칭찬했던 보고서를 재활용하면 본인도 칭찬받을 것이라 기대하고 그대로 작성하여 가져갔더니 질책만 당했다고 한다. 이 경우는 시간의 흐름에 따라, 사회 변화에 따라 요구하는 해결책이 다르게 변화되었거나 상사의 심리상태나 상사가 요구하는 핵심이 다름을 파악하지 못했다고 봐야 한다.

보고서를 쓸 때는 보고 시점에서 모든 현상을 복합적으로 파악해야 한다. 보고서 작성법을 마법이라고 표현하는 것은 항상 다른 양상의 보고서, 마법 같은 보고서가 요구되기 때문이다. 보고서 작성은 매번 어렵다.

4
초등보고와 중간보고를 활용하라

상사나 고객은 왜 그런 문제가 발생하였는지, 일이 어떻게 진행되고 있는지, 어떻게 추진하고자 하는지를 궁금해한다. 이 궁금증을 해소하는 것이 보고서 열 장을 잘 쓰는 것보다 효과적일 수 있다. 보고서 작성에는 정답이 없다. 시시각각 변화하는 현상에 따라 보고 형식도 다양하게 효과적으로 사용하는 것이 바람직하다. 이를 적절히 대응하기 위해서 초등보고와 중간보고를 활용하는 지혜를 발휘해보자. 어떤 경우에 초등보고를, 어떤 경우에 중간보고를 사용하는지 알아보자.

✓ 초등보고는 어떤 경우에 사용하면 효과적일까?

긴급한 사안이거나 예민한 민원인 경우, 약식의 초등보고를 활용하면 민원을 조기에 해결하여 피해를 줄일 수 있다. 예를 들어 재난재해가 발생했을 때는 반드시 초등보고를 먼저 하고 나서 경과보고를 추가로 한다. 재난이나 재해로 국민의 재산과 생명의 안전문제가 발생했는데도 구제책을 세워 행동강령대로 움직여야 할 책임이 있는 공직자가 보고서를 작성한다고 책상에 앉아 있다면 그것이야말로 지탄받아 마땅하다.

상사들은 말한다. 현장에 가지 않고 책상에서 미적거리는 직원을 보면 천불이 난다고. 재난재해가 발생하면 즉시 현장으로 출동하여 현지 상황을 전화로 보고하고 이후 서면보고하는 것이 좋다. 이런 시급한 경우는 보고서를 잘 쓴 직원보다 상황에 잘 대처하는, 즉 초등보고와 상황보고를 잘하는 직원이 더 믿음직스럽고 신뢰가 간다.

초등보고는 사건이나 각종 민원 발생 상황에 대한 기초 정보를 제공(보고)함으로써 의사결정자가 신속하게 추진방향을 설정하고, 또 빠른 대처로 위기를 극복하기 위해 활용된다. 뿐만 아니라 예민한 민원 사항에 대한 대응책을 신속히 마련할 수 있도록 지원하고, 상황 발생 담당자의 보고의무의 책임을 경감시켜주기도 한다. 이를 잘 활용하면 상사와 긴밀한 소통으로 신뢰감이 형성되고 업무를 원활하고 신속하게 추진할 수 있다.

✓ **중간보고는 어떤 경우에 사용하는 것이 효과적일까?**

초등보고로 긴급한 사항을 조치한 뒤에는 중간보고를 해야 한다. 중간보고는 문제를 추진하는 과정에서 중간중간 추진사항을 점검하는 과정에서 진행된다. 즉 상황 변화와 지시사항의 이행 및 진도율을 보고함으로써 상사와 함께 미흡한 점을 점검 보완하여 정해진 공정에 맞추어 일을 완결하기 위한 것이다. 중간보고는 업무 추진의 완성도를 높이고, 상사에게 안도감을 주며, 추진하는 일에 대한 상사의 관심을 유도하는 장점이 있다.

중간보고를 하면 새로이 발생하는 위험 변수를 사전에 파악하여 대처함으로 더 큰 문제를 예방하는 등 업무를 효과적으로 추진할 수 있다. 또한 업무 처리의 속도와 일정, 절차, 전담부서 등을 조정할 수 있다. 업무 지시를 내리는 사람도 예측하기 힘든 상황은 언제든 발생할 수 있다. 그러므로 상사가 물어볼 때까지 기다리지 말고 일이 종결되기 전이라도 상황이 바뀌었을 때는 즉시 중간보고를 해야 한다.

중간보고를 통해 부하직원은 상사와 좋은 인간관계로 발전될 수 있고 상사의 업무 노하우를 전수받을 수도 있다. 상사 입장에서 직원이 예쁘면 뭐라도 하나 더 챙겨주고 더 가르쳐주고 싶은 마음이 생긴다.

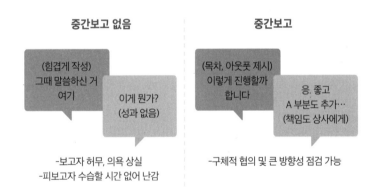

5

상사가 열광하는 보고서의 유형

누구나 상사로부터 질책 대신 칭찬받는 보고서를 쓰고 싶어 한다. 그러나 그것이 그렇게 쉬운 일은 아니다. 상사는 어떤 보고서를 칭찬할까? 칭찬받는 보고서의 유형에 대해 알아보자.

✓ 독창적이고 차별화된 보고서

일반적으로 짜깁기형 보고서를 많이 작성한다. 그런데 이렇게 하면 글씨체, 글씨 크기, 줄 간격, 서술 방식 등에서 논리성과 일관성, 체계성이 없다. 보고하고자 하는 제목과 상반된 내용이 삽입되거나 오탈자가 많아 어딘지 모르게 엉성하고 신뢰가 가지 않는다. 상사는 이 보고서가 짜깁기한 것인지 아닌지 다 안다.

상사는 차별화된 보고서, 창의성과 독창성이 있는 보고서를 요구한다. 보고서란 새로운 정보를 제공하여 의사결정에 도움을 주는 역할을 하기 때문이다. 옛날 보고서를 그대로 베껴 쓰거나 다른 보고서의 내용을 그대로 옮겨 쓰면 창의성이 떨어져 경쟁력이 없다. 자주 반복되는 사업의 경우에 흔히 날짜와 참여 인원 정도만 수정해서 사용하는데, 상사는 그런 보고서를 요구하지 않는다.

교육시행 결과보고서를 쓴다고 하면, 월과 숫자만 바꾸는 단계에서 벗어나 교육생의 참여 태도 변화, 관심 과목과 성적 변화 추이 등을 분석하여 향후 교육 계획의 방향성을 새롭게 담아주면, 보고서는 훨씬 알차고 현장감 있는, 그리고 차별화된 보고서가 될 것이다.

보고서의 차별성을 확보하기 위해서는 상사나 고객이 무엇을 원하는지를 파악해서 담아야 한다. 보고받는 사람이나 보고서를 활용하는 사람이 성질 급하고 까다로운 고약한 상사라면 그가 무엇을 요구할 것인가를 스크랩하면서 작성해보라. 그렇게 작성하다 보면 어느새 상사가 당신의 보고서에 열광하게 될 것이다.

생각해보면, 무섭고 까다로운 상사한테 제출할 보고서를 작성하는데 대충 작성하지 않을 것이다. 긴장하고, 업무를 더욱 섬세하게 파악할 것이다. 이렇게 신중하게 접근하다 보면 문제점과 원인 그리고 대책안도 발견하게 될 것이고, 상사가 평소 강조한 성향도 파악하게 될 것이다. 결국 상사의 성향에 맞춰 작성하다 보면 상사가 원하는 보고서를 작성하게 될 것이다.

✓ 보기 좋고 이해하기 쉬운 보고서

같거나 유사한 단어를 반복해서 사용하는 보고서, 체계도 논리도 없이 왔다갔다하는 보고서, 보고의 '목적'과 '필요성', '기대효과'에 거의 같은 표현을 쓰면서 장황하게 길게 쓴 보고서는 내용을 파악하는 데 시간을 많이 빼앗기게 한다. 무엇이 중요한지를 파악할 수 없도록 방해하고 판단을 흐리게 하는 보고서는 도움이 안 된다. 보고서 내용이 길면 환영받지 못한다.

형식도 중요하다. 문장 외에 다양한 표현 방식을 활용하는 것이 좋다. 도표, 그래프, 사진, 언론 보도자료, 현장의 소리, 통계표 등을 활용한 시각적 효과는 청각보다 12배 정도의 강력한 힘을 발휘한다고 한다. 시각적 표현을 활용한 입체식 보고서는 이해하기 쉽고, 신속한 의사결정에 도움을 주어 상사가 선호한다.

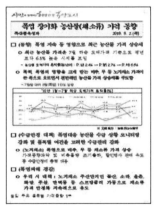

◇색과 도표를 활용하여 가격 동향을 쉽게 파악하도록 한 깔끔하고 간단명료한 보고서다. 우리 시 대책을 마련하여 무엇을 어떻게 할 것인가를 보고하였고, 전체 품목별 가격 동향은 별지로 제공했다.

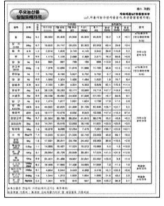

◇데이터를 표로 작성하여 내용 파악에 시간이 많이 소요되고, 내용을 빨리 파악할 수 없고, 핵심이 없다.

✓ 목적과 결론이 분명한 보고서

훌륭한 보고서는 보고하려는 내용과 취지가 간단명료하게 드러나야 한다. 즉 보고하려는 목적이 무엇인지, 형식적으로 어떤 형태의 보고서를 작성할 것인지, 내용 면에서 어떤 것을 담으려고 하는지, 보고서 전체 내용이 목적과 취지에 잘 부합하는지 등이 명확하게 제시되어야 한다.

보고서에 너무 많은 내용을 담으려는 욕심을 자제해야 한다. 보고서는 육하원칙에 의거하여 명료한 어휘를 사용하되 단어의 과도한 압축 사용으로 본래의 뜻이 왜곡되지 않도록 유의해야 한다.

짧고 간략하면서도 보고하는 사람이 하고 싶은 얘기나 목적을 충실히 담은 보고서가 훌륭한 보고서이다. 목적이 충실하다는 것은 달성하고자 하는 목표가 구체적이고specific, 측정할 수 있고 measurable, 성취할 수 있는achievable, 결과 지향적인result-oriented 내용을 담은 보고서를 말한다.

훌륭한 보고서는 작성하는 사람도, 읽는 사람도 시간을 아껴줄 수 있어야 하고, 제목만 보고도 필요한 내용을 한눈에 파악할 수 있어야 한다. 가장 훌륭한 보고서는 추가 설명을 따로 하지 않아도 이해할 수 있게 작성된 것으로 수요자의 눈높이에 맞춰 작성된 보고서라고 할 수 있다.

초점 없이 핵심 내용이 빠진 보고서는 노른자 없는 달걀, 속이 없는 찐빵과 같다. 내용은 많으나 어떻게 하겠다는 것인지 알 수가 없다. 보고서는 가능한 한 모든 정보를 담고 있는 압축형 문서이다. 관련 자료를 사전에 많이 수집하고 분석하여 잘 활용하는 노력과 능력이 요구된다.

보고서를 작성할 때는 목적과 기본 방향을 정해 핵심 내용을 전개하는 것이 바람직하다. 보고서의 생명은 정확성이다. 보고 과정에서 지적을 받고 나서야 "아, 이것이 빠졌구나?" 뒤늦게 알아챈 경험이 있을 것이다. 보고하기 전에 반드시 상사와 고객 입장에서 보고받는다는 생각으로 소리 내어 읽어봐야 한다. 소리 내어 읽다 보면 미흡한 부분, 빠진 부분을 발견할 수 있다. 미흡한 부분을 삭제, 첨가하거나 배열을 교체하는 등 수정 보완하면 훨씬 완벽한 목적과 결론이 명확한 보고서를 작성할 수 있을 것이다.

◇같은 "도시숲 조성 사례"임에도 상사는 왼쪽 보고서에 관심을 둔다. 왜일까? 사업비가 추가되어 투자비를 예측할 수 있고, 주요 시사점을 적색으로 표시하여 강조했다. 주요 시사점을 구체적으로 제시하여 의사결정에 도움을 주었고, 조성할 구간 장소와 목적을 명확히 제시하고 있다.

✓ 현장 냄새가 나는 살아있는 보고서

보고서를 작성할 때는 정책 수립 및 정책 형성 단계부터 충분한 검증 과정을 거쳐야 한다. 이를 소홀히 하다가 정책이 보류되거나 부결된 경우가 많다. 중요한 사안이나 절차상 이행해야 할 사항들을 빠뜨렸기 때문이다. 특히 관련 기관, 부처 간의 사전협의를 빠뜨린 경우처럼 절차상 중대한 하자가 있는 보고서는 활용 가치가 없다.

현장의 소리를 담은 살아 있는 보고서가 되어야 한다. 대부분의 경우, 실무자의 머릿속에 구상한 내용으로만 보고서를 작성한다. 그러나 실무자의 머릿속에 담겨 있는 지식은 한계가 있다. 그래서 인터넷을 검색하고 관련 법규와 최신 정보, 통계 자료를 비교분석하며 현장 사진을 삽입하여 설명과 이해를 도와야 한다. 현장을 확인한 살아 있는 보고서는 의사결정자가 내릴 부정적 결론을 긍정적인 의사결정으로 전환시키는 역할까지도 한다. 또한 민원을 해결하는 데 책상에서는 보이지 않은 문제점에 접근할 수 있도록 하여 올바른 의사결정을 할 수 있도록 도와준다.

상사가 열광하는 보고서는 생각의 한끗 차이로 창조된다. 보고서는 무한한 위력을 안겨다 줄 수 있는 좋은 도구이다. 그 주인공이 바로 당신이 될 것이다.

◇현장감과 생동감 있는 보고서 유형　　　◇실사단장 파악 용이함
　문제점 및 대책안 제시　　　　　　　　　 -단장 사진 삽입
　현장사진-현장실태 파악 가능　　　　　　 실사 대비를 위한 문제점 및 대책 제시

✓ 상사 관점에서 쓴 역지사지형 보고서

　상사는 보고자의 주관적 입장에서 작성한 자기중심적인 보고서를 싫어한다. 보고서는 고객을 위해 무엇을 어떻게 하는 것이 올바른 방향인지, 추진한다면 어떤 기대효과와 이익이 창출될 것인지를 예측할 수 있게 해줘야 한다.

　그러므로 당면 사안에 대해 내가 상사(고객) 입장이라면 어떻게 결정할 것인가, 어떤 것을 요구할 것인가라는 것을 역지사지易地思之하여 보고서를 작성하면 가장 바람직하고, 그 결과 상사와 고객을 만족하게 하는 생동감 있는 보고서를 작성하게 될 것이다.

　보고서는 그 자체로서 완결성을 가져야 한다. 완결성을 갖춘 보고서란 그 보고서 자체만으로 더 이상 추가적인 보고 없이 의사결정을 가능하게 하는 완성도가 높은 보고서를 의미한다. 보고서의 완결성을 위해 상사나 고객의 관점에서 작성하였는지를 반드시 점검해보아야 한다.

또한, 편집상 오탈자가 없는지, 통계치에 오류가 없는지, 어법과 어순이 맞는지, 배열과 항목이 적정하게 구성되어 있는지 등을 다시 한번 점검해보자. 보고서 전체 구성이 물 흘러가듯 전개되었는지도 확인해보자. 어려운 용어는 최소화하고 자신 없는 내용과 용어는 과감히 삭제한다. 작성 후 반드시 소리 내어 읽어보고 매끄럽지 않은 부분은 수정하여 완결성을 높여야 한다.

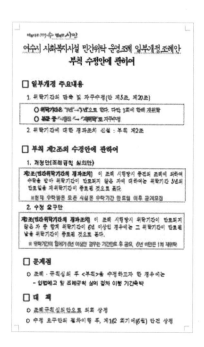

◇제목과 내용이 일치했고, 조례 개정 취지를 한눈에 파악할 수 있음. 문제점과 대책-시의회 질문 대비. 핵심 내용을 색감을 주어 파악 용이. 보조자료 없이도 내용을 명확히 전달한 좋은 사례

✓ 균형 잡힌 충실한 보고서

보고서 내용이 명확하지 않아 질문과 궁금증이 생기는 보고서는 상사가 내용을 달리 이해하거나 해석을 다르게 할 수 있는 보고서이다. 실무자가 하고 싶은 말이 투명하지 않아 무엇을 하겠다는 것인지를 알 수 없는 보고서이다. 말 따로, 글 따로인 보고서도 올바른 의사결정을 할 수 없게 하는 보고서이다.

보고서는 형식과 내용의 균형이 있어야 한다. 올바른 의사결정을 할 수 있도록 균형 잡힌 충실한 내용을 요구한다. 각종 통계자료, 해외 사례, 민간 사례, 설문조사, 이해관계자의 의견, 관련 단체의 요구사항, 현장의 소리, 민원사항, 연구결과 등 풍부한 자료를 잘 정리하여 보고서에 균형 있게 담아야 한다. 보고서 내용이 한쪽으로 치우치면 의사결정권자가 올바른 판단을 할 수가 없다.

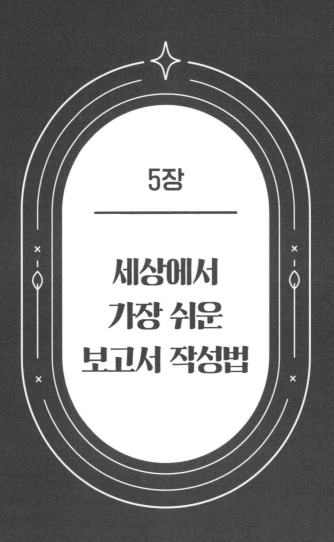

5장

세상에서
가장 쉬운
보고서 작성법

1 ✒ 작성 순서 설계하기

보고서는 명확한 작성 의도와 목적, 상대방의 이익(효과, 해결점)에 관심을 둔 주제 설정과 현황 파악, 해결책 수립, 대안 순의 구성으로 작성한다.

우선 보고자는 왜 이 보고서를 작성하는지 이유와 목적을 명확히 해야 한다. 보고하지 않아도 되는 보고서를 작성하는 것은 매우 비능률적이고 비생산적이다. 눈치 행정을 관행적으로 답습하고 있는 것이다. 불명확한 보고서는 구태의연한 업무 형태가 빚은 조직 운영의 결과로서 경계해야 한다. 상사는 이런 보고서를 작성한 직원에 대해 무능력하고 시간만 때우면서 눈도장이나 찍으려는 기회주의자로 평가한다.

보고서 작성의 이유와 목적이 명확해졌다면 이제는 순서를 정해야 한다. 보고서 작성 순서를 정함으로써 보고서의 구성과 작성 기준을 만들어 만족도 높은 보고서를 작성할 수 있게 하기 위해서다.

이에 앞서 보고서를 작성하기 위해서 고려해야 할 몇 가지 사항이 있다.

① 5쪽 이상 되는 분량이 많은 보고서는 반드시 차례를 작성한다.

② 차례만 보아도 전체 내용을 알 수 있도록 차례 선정에 신중해야 한다.

③ 차례를 나열할 때 중요도와 우선순위를 고려하여 배열한다.

④ 상위 항목과 하위 항목을 잘 구분하여 배열한다.

⑤ 차례 전개는 보고서의 종류(유형)에 따라 달라지므로, 보고서의 종류를 잘 숙지하여 작성한다.

이런 점들을 고려하여 보고서를 어떻게 작성할 것인가에 대해 설계하면 된다. 사람마다 다르겠지만, 공통되는 기본 사항은 '준비-작성-검토-요약정리'라고 할 수 있다.

이제 보고서 작성 전에 무엇을, 어떻게, 어떤 절차로 진행할 것인지 순서를 설계해보자.

① 이 보고서를 왜 작성하는지, 무엇을 보고하려고 하는지를 정확히 이해하고, 어떤 유형의 보고서를 작성할 것인지를 결정한다.

즉 보고할 내용과 목적이 무엇인지, 문제점이 있어 보고하려는 것인지, 단순한 동향 보고인지, 정책 개발이나 제안을 하기 위해 보고서를 작성하려는 것인지, 상부 계획이나 회사 지침과 상사 지시 때문에 작성해야 하는지를 결정하는 것이다.

또 보고서의 주제가 명확히 있는 것인지, 그렇다면 이 보고서의 핵심 이슈는 무엇인지, 수요자가 누구인지, 어떤 계층을 대상으로 다룰 것인지, 보고할 시점은 언제까지인지, 핵심 이슈의 결과물은 언제까지 달성하여야 하는지, 정책보고서인지, 계획보고서인지, 대책보고서인지, 검토보고서인지, 결과보고서인지, 상황보고서인지, 행사보고서인지, 요약보고서인지, 또는 1장짜리 보고서인지, 접이식 보고서인지 등을 먼저 결정해야 한다. 보고서의 유형에 따라 내용 전개의 순서가 달라지기 때문이다.

② 보고서의 제목과 목표를 대략 설정해본다.

③ 무엇을 쓸 것인지 막막할 때가 있는데, 먼저 형식(틀)과 내용

(자료)의 2대 축을 설정해보자. 형식과 내용의 비중은 상사의 선호에 따라 차이가 있다. 보고서의 유형에 따라 형식과 내용이 달라지기도 한다. 이해할 만한 스토리라인이 있어야 한다. 그리고 검토배경 및 목적이 본론, 결론의 스토리와 자연스럽게 연결되어야 한다. 문단(장표, 슬라이드)의 전후 관계도 중요하다. 흐름을 깨는 내용은 삭제하거나 따로 붙임으로 이동시켜 마무리한다.

④ 제목과 관련된 사건과 원인, 문제점 등 현황을 파악하고 자료와 정보를 파악한다.

⑤ 파악된 자료를 성격별로 분류하여 소제목을 붙인다.

⑥ 소제목을 기초로 표지 제목을 수정한다.

⑦ 보고서의 뼈대를 잘 구성하고 살을 붙여 다듬는다. 어떤 것을 취하고 버릴 것인지, 뼈대에 살을 붙여 보강할지, 오탈자 등을 점검한다.

⑧ 작성자의 관점에서 작성한 초안을 수요자 입장으로 수정 및 보완한다.

⑨ 문장 전체를 반드시 소리 내어 읽어본다. 작성한 보고서를 소리 내어 읽어보면 어느 곳이 매끄럽지 않고 거슬리는지를 발견하게 된다. 그 부분을 수정 보완하며, 이를 반복한다.

⑩ 작성한 글들을 성격별로 분류하고, 수집한 자료의 사실 여부와 비교분석 등 다각적인 접근이 필요하다.

⑪ 단어나 문구, 그림 등을 생각나는 순서대로 작성해본다. 항상 좋은 문구나 그림, 도안 등의 자료를 "도형 모음집" 파일로 만들어 필요시 내려받아 적극적으로 활용한다.

⑫ 보고서 제목과 작성 일자, 작성자 소속 등 필수 항목을 점검한다.

⑬ 결재가 이루어지면 지시사항을 등록하고, 추진계획, 점검 일정에 따라 이행 여부를 확인하여 후속 조치를 한다.

보고서는 대부분 의사결정자에게 올리는 문서이다. 왜 이걸 한다는 거야? 어떻게 하겠다는 거야? 그래서 내가 뭘 결정하면 돼? 이 세 가지 질문에 대한 답이 한눈에 파악되는 보고서가 최고의 보고서이다. 말하자면, 보고서는 책임자가 빠른 의사결정이 가능하도록 핵심 내용을 작성하는 것이 중요하다. 논리적이고 합리적인 추론이 가능하도록 보고서를 작성해야 한다.

보고서의 구성은 크게 세 가지로 이루어져 있다. '제목'은 의사결정자의 관심과 흥미를 유발할 수 있는 단어를 선정한다. '개요'는 보고서의 핵심 내용을 요약 압축한다. '내용'은 보고서의 몸통이다. 추진배경-현황, 문제점, 해결방안-기대효과를 담는다. 물론 각각의 보고 목적에 따라 그 순서와 항목이 조금씩 달라질 수는 있다.

2
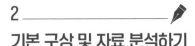
기본 구상 및 자료 분석하기

✓ 보고서 내용의 기본 구상하기

보고서 작성을 위한 준비단계로서 보고할 내용의 기본 구상과 자료 수집 및 분석 단계이다. 보고 내용의 기본 구상은 작성자마다 다르다. 또한 보고받는 상사의 취향에 따라 다르게, 보고할 목적과 서식의 유형에 따라 다르게 취급돼야 한다.

보고서의 유형이 결정된 다음에는 그 보고서를 어떤 골격(틀)으로 구성할 것인지를 결정해야 하는데 이 부분이 가장 어렵다.

틀이 결정되면, 이제 어떤 순서로 내용을 전개할 것인가를 고민하고 내용 전개 순서에 따라 논리적으로 작성해나가면 된다.

　여기서 혹자는 "논리적으로 작성한다는 것이 무슨 말이지? 간결하고 명확하게 작성하라고 하면서 이것도 빼고 저것도 삭제하라고만 하는데 무슨 논리적인 보고서를 작성할 수 있지?" 하고 불평한다. 정말 어려운 일이다. 하지만 빼고 삭제하면서 오히려 그 틀이 살아있고 내용은 더 명확해지는 것을 경험하게 될 것이다.

　보고서의 틀을 구성하라고 하면 흔히 목적, 개요, 추진계획, 기대효과를 기본 틀로 삼아 작성한다. 이는 일반적인 보고서의 틀이고 형태이다. 이 기본 틀을 어떤 내용으로 채워나갈 것인가, 혹은 어떻게 보강하고 창조해낼 것인가에 따라 보고서의 질이 확연히 달라진다. 이것이 곧 우리에게 주어진 과제이고 숙제이다. 이 과제를 풀기 위해 부단히 노력해야 한다.

　이 틀만 잘 구성하면 보고서 작성이 훨씬 편해진다. 틀을 짤 때 조심할 사항은 전체적인 균형이다. 간혹 균형 잡히지 못한 보고서를 만난다. 서론, 본론, 결론 부분에 들어갈 골격을 균형 있게 배분해야 한다는 것은 알지만 막상 실전에서는 그리 쉽지 않기 때문이다. 여기서 많은 이들이 범하는 오류 중 하나는 보고서에는 서론, 본론, 결론이란 용어를 쓰지 않는다는 사실을 잊어버리고 혼란스러워한다는 것이다.

　서론, 본론, 결론은 소설이나 논문 등과 같은 장문의 보고서에 적용하는 체계이다. 일반적인 보고서 체계에서는 사건의 흐름을 간결하고 명확하게 전달하거나, 어떠한 과제나 사업을 추진하는 데 필요한 추진배경, 목적, 필요성, 개요, 계획, 기대효과, 문제점 및 대책 등을 과제나 사업의 흐름에 맞게 틀을 적용하여 작성한다. 그런데도 이론적 접근으로 막연히 구성 틀을 짜기 때문에 핵심을 놓치고 조잡한 보고서를 작성하는 오류를 범하게 된다. 즉 작성할 내용이 어느 부분에 들어가는 것이 타당한지를 제대로 이해하지 못하는 경우가 많다. 본문에 넣을 사항인지, 붙임으로 처리할 사항인지, 참고사항으로 주석을 달 것인지 등을 심사숙고해야 한다.

붙임, 별지 서식으로 처리해야 할 사항을 본문에 넣게 되면 장황하게 길어져 보고서가 답답해 보이고 숨 막히게 된다. 반대로 본문에 넣을 사항을 붙임으로 처리하는 것도 문제이다. 또한, 결론에 넣을 사항을 본론에 미리 다 넣어 결론을 제대로 마무리 못한 경우나 서론에 결론을 넣은 경우도 종종 발생하여 보고서의 핵심을 놓치는 일이 발생한다.

문제는 보고서를 작성할 때 발생한다. 보고서에 내가 말하고자 하는 바가 논리적이고 명확하게 담겨야 하는데, 막상 쓰다 보면 마음처럼 잘 되지 않는다. 또 보고서를 작성하다 보면 보고서를 읽는 대상이 과연 이 내용을 이해할 수 있을지 스스로 확신할 수 없어 혼란스러울 때가 있다. 그러나 연습에 연습을 거듭하면 해낼 수 있다.

√ 기본적인 구성(틀) 만들기

보고서 작성에서 구조 만들기는 매우 중요하다. 집을 짓기 위해 골격을 세우는 것과 같다. 골격이 견실해야 그 집이 오래간다. 보고서도 마찬가지이다.

일반적으로 직장에서 보고서를 작성할 때, 글씨체나 문단 모양 등 문서의 양식은 직장에서 정해주는 양식으로 작성하면 된다. 그리고 보고서의 뼈대 역할을 하는 구조는 보고하는 목적에 따라 각기 다른 구조로 작성할 수 있다. 보고서는 기본적으로 제목과 요약박스를 상단에 배치하고, 그 하단에 소제목을 두어 내용을 작성한다.

기본적인 보고서의 구성 틀

(필요한 항목을 선택하여 사용한다.)

제목		전체 내용(해결방안+기대효과+목적)을 미리 짐작할 수 있는 단어 추출
개요		용건(결론, 주장), 핵심 메시지(해결방안+현황, 문제점을 압축), 그 사업의 주체, 대상, 목적, 방법을 육하원칙으로 정리
추진 배경	배경	이 사업을 하게 된 계기, 조건, 경과(보고자가 개선 변화시킬 수 없음)
	목적	이 사업의 취지, 이유, 필요성

현황	현재 상황에서 나타나는 문제점과 과제 등을 나타내야 함
그간 추진사항	지금까지 추진해온 내용을 날짜별로 작성, 불필요한 경우 삭제
추진계획	검토내용, 세부 일정 등 보고서의 주된 내용
문제점(원인) 및 검토의견	과제와 현실 사이의 차이로 발생하는 부정적 요인, 그 차이가 발생한 원인(원인은 문제점과 해결방안 양쪽 모두에서 다룰 수 있음) 담당자의 검토의견
해결방안 및 검토의견	과제와 현실 사이의 차이를 극복하려는 방법, 구체성과 실현 가능성이 관건
기대효과	의사결정권자의 결제를 끌어내기 위해 사업의 결과를 예측
향후 계획 및 조치사항	사업 실행을 위한 추진 주체, 예산, 일정, 역할 분담, 규정, 장애 요인과 극복 방안 등

✓ 유형별 보고서 구성(틀) 만들기

(예시된 보고서 구성의 틀 항목은 상황에 따라 필요한 유사 항목을 선택하여 문제 사안에 맞게 조정하여 사용한다.)

유형별	보고서 구성의 틀
정책기획 보고서 ⇒	제목-개요-현황-문제점-정책수단과 대안-추진계획-건의와 제안 제목-개요-추진배경-현황-문제점-해결방안-기대효과-조치사항 제목, 보고 목적(취지), 검토배경(목적), 현황 및 문제점, ○○개선 방안(대책, 추진계획), 추진 일정(향후 계획) 등

검토보고서	⇒	제목, 검토배경, ○○현황, 과제별 검토의견, 시사점, 향후 조치계획 등
상황, 동향보고서	⇒	제목-개요-추진배경-추진상황(주요 상황)~시사점-(조치사항) 제목, 보고 목적(취지), 보고배경, 현 상황(최근 동향) 및 전망, 대응방안(조치계획) 등
행사, 회의보고서 (기관장 보고용)	⇒	제목, 보고의 목적(취지), 행사 개요(회의 개요), 시간 계획, 기관장 하실 일 (참고 자료: 기관장 동선, 행동 계획, 말씀 자료 등) 제목-검토배경(지시사항 등)~목적, 추진방향-사전준비사항-행사 계획(행사 개요, 시간 계획, 기대효과)~추진방법 검토(필요 없을 땐 삭제)
행사, 회의보고서 (일반 보고용)	⇒	제목-(회의) 개요-추진배경-회의 안건(회의 내용)-(조치사항) 제목, 보고의 목적(취지), 행사 개요(회의 개요), 시간 계획, 준비 계획, 행정 사항 (참고 자료: 기관장 동선, 행동 계획, 좌석 배치도, 행사 진행 시나리오, 사회자 시나리오 등)
○○ 결과보고서	⇒	제목-개요-추진배경-추진상황-현황-문제점-추진결과-기대효과-(조치사항) 제목, 보고 목적(취지), ○개요, ○○결과 분석, 주요성과 및 시사점, 향후 조치계획
시기별 보고서	⇒	보고 주기에 따라 작성하는 보고서로서 내용 전개 순서는 각각 다름

○○ 계획보고서의 틀			
제1안	제2안	제3안	제4안
I. 추진배경 및 필요성 (추진배경 및 목적) II. 현 실태 (현 실태 및 문제점) III. 세부 추진계획 　1. 추진방법 　　가. 추진목표와 방향 　　나. 추진전략 　　다. 추진체계 　2. 추진내용 　3. 추진일정 　4. 홍보 계획 　5. 예산 계획 　6. 성과 관리계획 　7. 장애 요인 및 극복책 IV. 기대효과	I. 추진배경 및 목적 (추진배경 및 필요성) II. 현 실태 (현 실태 및 문제점) III. 세부 추진계획 　1. 추진방법 　　가. 추진목표와 방향 　　나. 추진전략 　　다. 추진체계 　2. 추진내용 　3. 추진일정 　4. 홍보 계획 　5. 예산 계획 　6. 성과 관리계획 IV. 장애 요인 및 극복책 V. 기대효과	I. 추진배경 및 목적 (추진배경 및 필요성) II. 현 실태 (현 실태 및 문제점) III. 세부 추진계획 　1. 추진방법 　　가. 추진목표와 방향 　　나. 추진전략 　　다. 추진체계 　2. 추진내용 　3. 추진일정 　4. 홍보 계획 　5. 예산 계획 　6. 성과 관리계획 IV. 장애 요인 및 극복책 V. 기대효과 VI. 행정 사항	I. 추진개요 II. 추진배경 (현 실태 및 문제점) III. 추진목표 및 방향 IV. 추진내용 (추진과제) V. 세부 추진계획 VI. 기대효과 VII. 행정 사항 • 붙임: 성과 목표 　　　성과 지표 　　　목표치

✓ 유형과 틀(골격) 확정하기

　보고서 작성을 위한 가장 기본적인 단계로서 보고서의 유형을 결정하고, 틀(골격)의 내용을 확정한다. 즉 정책보고서인지 행사보고서인지 아니면 회의보고서인지 등을 정하고, 정책보고서라면 추진계획 보고서인지 대책보고서인지 등 유형을 결정한다.

보고서의 성격에 따라, 용도에 따라, 내용에 따라 전개 형태가 각각 다르게 작성된다.

보고서의 유형이 결정된 다음에는 그 보고서를 어떻게 전개할 것인지 보고서의 틀(골격)을 결정해야 한다. 특히, 이 부분이 초보자가 보고서를 작성할 때 가장 어려워하는 부분이다.

보고서의 틀은 전체적인 논리 흐름에 어긋나지 않도록 하되 세부 내용별로도 단순한 나열이 아닌 입체감이 있게 배치해야 전체적으로 완성도가 높은 보고서가 될 수 있다.

보고서의 가장 기본적인 논리 흐름은 서론, 본론, 결론의 형태를 유지하는 것이므로 서론 부문에 해당하는 추진배경, 성과 등 개요, 본론 부분에 해당하는 문제점 및 해결방안, 결론에 해당하는 조치사항, 추진계획 등이 균형 있게 배분되어야 한다.

다음으로 각 목차 내에서 어떻게 보고 내용을 세부적으로 전개할 것인가를 결정해야 한다. 보고 내용 간 우선순위를 고려해서 정해야 할 것이다. 이러한 우선순위를 판단하기 위해서는 사안별 중요성, 시급성, 실현 가능성 등을 종합적으로 고려하여 결정한다. 아울러, 상사가 평소 어떤 부분을 강조하였는지 등도 판단에 있어 참고할 사항이다.

본문과 참고자료(붙임 등)의 내용도 잘 분리해야 한다. 보고서 본문에 삽입할 것인지 참고자료로 작성할 것인지에 따라 전체 보고서의 분량에 크게 영향을 미친다.

각 문장도 보고 내용이 정확히 전달되도록 최적의 단어와 최소의 단어 수로 구성된 문장을 작성하는 것이 좋다. 구사한 문장이 어법에 맞는지도 반드시 확인해야 한다. 잘 쓴 문장인 줄 알았는데 살펴보면 주어, 목적어, 서술어의 기본적인 어법에 어긋나는 경우도 많다.

✓ 자료 수집 및 분석하기

기초자료의 수집과 분류 및 분석에 신중해야 한다. 충실한 자료 수집은 보고서 작성의 기본이다. 보고서 내용이 충실하지 못하다는 지적을 받는 경우는 대개 기초자료가 부족해서이다. 타 기관이나 민간 자료뿐 아니라 시간을 투자해서 국외 자료도 수집한다면 더 좋을 것이다.

수집된 자료는 보고서의 내용에 맞게 분석, 가공하여 적재적소에 활용해야 한다. 풍부한 기초자료를 수집하였더라도 그 내용을 잘 분석하지 못한 채 단순히 나열하는 것은 주의해야 한다.

준비단계에서 기본 구상 및 자료를 분석하고, 작성단계에서는 유형과 틀을 확정한다. 다음은 검토단계로 보고 내용 및 형식이 적합한지 최종 확인을 하고, 마지막으로 보고서를 요약 정리한다. 보고서 요약은 의사결정에 매우 중요한 역할을 한다.

보고서를 본격적으로 작성하기 전에 제일 먼저 보고 대상이 누구인지 확인하고, 보고할 내용을 설계한다. 그다음으로 보고서에 사용될 자료와 형식들을 정리한다. 보고서를 잘 작성한다는 것은 형식에 따라 내용을 잘 채운다는 의미이다. 보고서의 유형과 형식에 맞는 내용으로 채우는 것은 기본이다. 보고서의 내용이 충실하려면 자료가 충실해야 한다. 자료가 충분하지 않으면 보고서의 내용을 채울 수 없고, 상사를 실망시킬 뿐만 아니라 작성자에 대한 신뢰와 능력을 의심받게 한다. 상사는 백 마디 말보다 보고서라는 결과물을 더 신뢰한다.

자료 수집은 최신 자료여야 하고 활용 가능한 자료여야 한다. 과거의 자료를 보고서에 적용한다면 사안에 따라 엄청난 손실과 민원이 발생하여 수습이 어려워지는 경우도 종종 발생한다. 보고서의 작성은 올바른 최종 의사결정을 위해 제공해야 하는데, 그러한 작성자의 덕목을 지키지 않고 업무를 기망하여 소홀하게 되면 많은 생명과 안전까지도 침해할 수 있게 된다.

> 코로나19 확산으로 수백 명의 격리 조치 시설이 필요한 상황이다. 이때 C직원이 우리 시의 경우, 1989년도 의료시설 확보 현황을 활용하여 수백 명의 격리 수용할 의료시설이 충분하다고 보고했다. 그러나 실제 현장에서는 침대 수가 부족해서 큰 혼란을 겪게 되었다.

무엇이 문제였을까? C직원은 이미 폐쇄한 의료기관 45개소를 포함하여 보고했다. 저출산과 인구 이동으로 45개의 의료기관이 문을 닫았음에도 이를 간과하여 과거 자료에 근거해 보고함으로 격리환자 수용대책에 크나큰 차질을 초래했다. 이로 인해 임산부 코로나 환자들의 임상 처치가 어렵게 되는 등 대혼란을 가져왔다. 정부가 인근 시군 의료기관의 협조를 얻어 긴급대책을 마련했지만, 그에 따른 인력과 장비 확보, 이송수단 등 많은 예산 초과분이 발생하여 큰 어려움을 겪었다. 잘못 수집된 자료로 인해 치료받아야 할 환자들의 생명이 위협받았고, 예산과 인력 낭비 등 크나큰 손실을 가져왔다. 올바른 자료 수집의 중요성을 상기시키는 교훈이다. 수집된 자료를 보고서의 체계에 적정하게 활용할 때 알차고 충실한 보고서를 만들 수 있다.

3 ✎
서식과 형식 적절히 활용하기

표준 규격보고서의 틀을 짤 때 서식과 형식(여백, 간격, 글씨 크기, 번호 매기기, 안내선 등)은 매우 중요하다. 특별히 상사가 좋아하는 양식이 있는지도 점검해보아야 한다.

때로는 창의적인 서식이 효과적일 수 있다. 표준서식을 준수한다고 항상 같은 서식만 사용한다면 신선함이 없는 밋밋한 보고서가 되고, 자신의 업무 능력과 매력을 보일 기회를 스스로 놓치게 된다.

서식과 유형은 적절하게 활용되어야 한다. 보기 좋고 이해하기 쉬운 보고서는 표준서식을 어떻게 활용하느냐에 달려 있다. 아무리 내용이 훌륭해도 표준서식을 완전히 무시한 채 작성된 보고서는 전체 흐름을 논리적으로, 체계적으로 끌어내기가 어렵다. 훌륭한 정책이라 해도 보고서 구성 체계가 틀을 무시한 채 무질서하게 작성되었다면 보고서 내용을 어떻게 파악할 수 있겠는가? 내용을 파악하기 위해서는 상당한 시간과 심리적인 변화를 극복해야 할 시험대에 놓이게 될 것이다.

보고서의 서식과 유형, 체계를 어떻게 구성하느냐는 의사결정에 중대한 영향을 준다. 따라서 기본 규격, 표지 규격, 내용 전개 형식 및 본문 규격을 보고서의 서식과 유형, 분량에 따라 적절하게 조절하여 사용해야 한다.

보고서 용지의 규격과 형식의 일반 원칙은 공문서 관계 법령인 「행정효율과 협업 촉진에 관한 규정」과 그 시행규칙을 적용한다.

보고서 용지의 표준 규격에 따르면 바탕색은 흰색이 기본이고, 크기는 A4(가로 210㎜×세로 297㎜), 줄 간격은 160%를 기준으로 하되 필요에 따라 조정할 수 있다. 그리고 보고서 내용이 좀 더 명확해지도록 주석, 머리말과 꼬리말, 참고사항 등을 삽입한다.

주석: 중고딕 12pt, 문단 위 0pt, 문단 아래 3pt, 줄 간격 130%

머리말: 날짜, 보고서의 목적 또는 제목, 작성 부서 등의 내용을 중고딕 13pt

꼬리말: 주로 페이지를 적는 공간으로 활용

참고사항: 중고딕 13~14pt, 문단 위 3pt, 문단 아래 0pt, 줄 간격 160%

여백은 다음 서식을 표준으로 사용하되 문서의 편철 위치나 용도에 따라 달리할 수 있다.

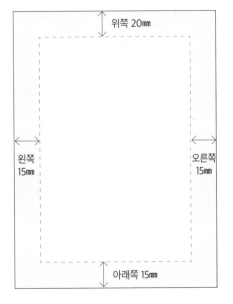

제7조(문서 작성의 일반 원칙)
② 문서의 내용은 간결하고 명확하게 표현하고 일반화되지 않은 약어와 전문용어 등의 사용을 피하여 이해하기 쉽게 작성하여야 한다.
⑥ 문서 작성에 사용하는 용지는 특별한 사유가 없으면 가로 210㎜, 세로 297㎜의 직사각형 용지로 한다.

보고서 내용을 이해하기 쉽고 깔끔하게 작성하기 위해 글씨체와 크기를 적절하게 사용한다. 글자는 아래아한글로 작성하되 뜻을 정확하게 전달하는 데 필요한 경우에는 괄호( ) 안에 한자나 외국어를 넣어 쓸 수 있다.

글자 크기의 경우, 문서 제목은 18~22pt, 본문은 14~15pt를 기본으로 하되 필요에 따라 글자를 달리할 수 있으며, 중간 참고내용은 ※표시를 한 다음에 12~13pt를 사용하여 설명한다. 숫자는 아라비아숫자를 쓴다.

날짜를 표기할 때는 '연', '월', '일'의 글자는 생략하고 그 자리에 온점.을 찍어 표시한다(2022년 5월 8일→2022. 5. 8.). 연호는 서기를 쓰되 '서기'라고 표시하지는 않는다. 시간은 24시 기준으로 '시', '분'의 글자는 생략하고 그사이에 쌍점:을 찍어 구분한다(오후 3시 20분→15:20).

문서에 금액을 표시할 때는 아라비아숫자로 쓰되, 숫자 다음에 괄호를 하고 한글로 적어 표시한다[113,560원(금일 십일만삼천오백육십 원)]

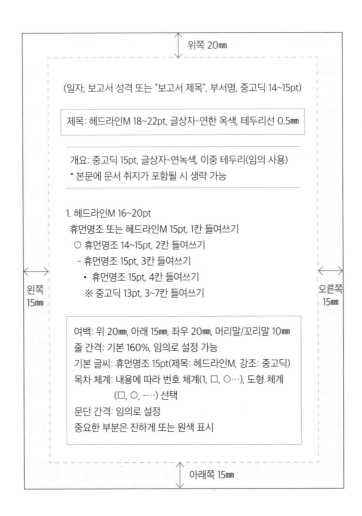

위쪽 20㎜

(일자, 보고서 성격 또는 "보고서 제목", 부서명, 중고딕 14~15pt)

제목: 헤드라인M 18~22pt, 글상자-연한 옥색, 테두리선 0.5㎜

개요: 중고딕 15pt, 글상자-연녹색, 이중 테두리(임의 사용)
* 본문에 문서 취지가 포함될 시 생략 가능

1. 헤드라인M 16~20pt
  휴먼명조 또는 헤드라인M 15pt, 1칸 들여쓰기
   ○ 휴먼명조 14~15pt, 2칸 들여쓰기
    - 휴먼명조 15pt, 3칸 들여쓰기
     • 휴먼명조 15pt, 4칸 들여쓰기
     ※ 중고딕 13pt, 3~7칸 들여쓰기

왼쪽 15㎜   오른쪽 15㎜

여백: 위 20㎜, 아래 15㎜, 좌우 20㎜, 머리말/꼬리말 10㎜
줄 간격: 기본 160%, 임의로 설정 가능
기본 글씨: 휴먼명조 15pt(제목: 헤드라인M, 강조: 중고딕)
목차 체계: 내용에 따라 번호 체계(1, □, ○···), 도형 체계
       (□, ○, -···) 선택
문단 간격: 임의로 설정
중요한 부분은 진하게 또는 원색 표시

아래쪽 15㎜

제7조(문서 작성의 일반 원칙)
④ 문서에 쓰는 숫자는 특별한 사유가 없으면 아라비아숫자를 쓴다.
⑤ 문서에 쓰는 날짜는 숫자로 표기하되, 연·월·일의 글자는 생략하고 그 자리에 마침표를 찍어 표시하며, 시·분은 24시각제에 따라 숫자로 표기하되, 시·분의 글자는 생략하고 그사이에 쌍점을 찍어 구분한다. 다만, 특별한 사유가 있으면 다른 방법으로 표시할 수 있다.

√ 강조를 표시하고자 할 경우

본문에서 핵심 단어나 중요한 내용 등은 진하게 표시하거나 색상을 다르게 하여 강조하되, 강렬한 원색 사용은 자제한다. 강조하는 부분은 명사 위주의 핵심 키워드만 강조하거나 본문 내용과 다르게 두드러진 볼드체로 진하게 표시하고, 동사나 한자 등에는 사용을 자제한다.

일반적으로 글자체는 휴먼명조(바탕체, 신명조)를 사용하고, 제목과 중간 목차 등은 헤드라인M(중고딕, 나눔고딕)을 사용해 강조한다. 본문 중간에 참고 내용을 넣거나 구체적인 수치 등을 표시할 때는 중고딕(궁체, 굴림체)을 써서 본문과 구분한다.

√ 항목 표시와 항목 부호 사용하기

보고서 내용이 길지 않을 때는 일반적으로 번호 항목보다는 □, ○, - 등 특수기호를 사용하고, 문서의 내용이 길어서 항목 구분이 필요한 긴 보고서일 경우에는 그 항목을 순서대로 표시한다.

항목의 구분이 숫자일 때 오름차순으로, 한글이면 가나다순으로 항목을 구분하여 표시한다. 항목 기호나 번호의 표시는 일반적으로 상위 항목보다 하위 항목을 한 칸씩 오른쪽으로 위치하여 표시한다.

항목 체계는 상위 항목부터 하위 항목까지 1. 가. 1), 가), (1),

(가), ①, ㉮의 형태로 표시한다. 다만, 필요한 경우에는 □, ○, ⋯⋯ 등과 같은 특수한 기호로 표시할 수 있다.

첫째 항목 기호는 왼쪽부터 띄어쓰기 없이 바로 시작하고, 둘째 항목부터는 상위 항목 위치에서 오른쪽으로 2타씩 옮겨 시작한다. 항목이 한 줄 이상이면 항목 내용의 첫 글자에 맞추어 정렬한다(Shift+Tab 키 사용).

항목 기호와 그 항목의 내용 사이에는 1타를 띄운다. 하나의 항목만 있는 경우에는 항목 기호를 부여하지 않는다.

항목 부호 체계		* 2타(∨∨표시)는 한글 1자, 영문/숫자 2자에 해당함
구분	항목 부호	
첫째 항목	Ⅰ. Ⅱ. Ⅲ. Ⅳ.	수신∨∨○○○장관(○○○과장) 　(경유) 　제목∨∨○○○○○ 1.∨○○○○○○○ 　∨∨가.∨○○○○○○○ 　∨∨∨∨1)∨○○○○○○○ 　∨∨∨∨∨∨가)∨○○○○○ 　∨∨∨∨∨∨∨∨(1)∨○○○○○ 　∨∨∨∨∨∨∨∨∨∨(가)∨○○○ 2.∨○○○○○○○○○○○○○○○
둘째 항목	1. 2. 3. 4.	
셋째 항목	1) 2) 3) 4)	
넷째 항목	(1) (2) (3) (4)	
다섯째 항목	①②③④	

4
내용 및 형식의 적합성 확인하기

작성된 보고서의 내용 및 형식의 적합성을 최종 확인하는 검토 단계이다. 당초 의도한 대로 내용이 작성되었는가, 형식은 적합한가 등 전반적인 내용과 형식을 한 번 더 확인한다.

보고서의 형식 준수도 중요하다. 일반적으로 많은 분량으로 작성된 보고서는 표지와 목차 부분을 별도로 구성한 후 본문을 작성한다. 또한 표지의 제목, 작성 일자, 작성 기관의 위치, 쪽수 매기기, 글씨 크기, 글씨체 등도 반드시 확인해야 할 부분이다. 아울러 단어 선택이나 문장 구사, 맞춤법 등도 확인하고, 통계 숫자(계수 등) 등은 꼭 재확인한다.

형식 면에서 검토할 주요 사항은 다음과 같다.

① 법령의 형식 요건을 갖추고 있는가?

② 소관 사항임이 틀림없는가?

③ 결재권자의 표시는 적정한가?

④ 협조 부서의 합의는 거쳤는가?

⑤ 업무 추진 과정상의 절차는 잘못이 없는가?

⑥ 수요자(보고받는 자, 고객, 민원) 또는 수신자(상대 행정기관, 법인, 단체, 민원인 등)의 입장을 고려한 것인가?

⑦ 한글맞춤법 등 어문 규정에 어긋난 부분은 없는가?

⑧ 법령 제명 띄어쓰기 원칙에 어긋나지 않는가?

⑨ 통계 수치 등이 잘못 기재되지 않았는가?

내용 면에서 검토할 주요 사항은 다음과 같다.

① 허가·인가·승인 등에 대한 법정 요건은 무엇이며 그 요건을
충족하고 있는가?

② 의결기관의 의결사항은 아닌가, 또는 의결을 거쳤는가?

③ 법정의 경유기관은 거쳤는가?

④ 법정의 기한, 조건 등이 붙어 있지 않은가, 또는 그 기한, 조
건 등을 충족하고 있는가?

⑤ 시효와의 관계는 어떤가?

⑥ 법령·예규·지시 등에 어긋나지 않는가?

⑦ 공공복지와의 관계는 어떤가?

⑧ 재량의 적부 범위는 적합한가?

⑨ 여론에 대한 영향은 어떤가? 관례나 선례는 어떻게 되어 있
는가?

⑩ 처리는 지연되지 아니하였는가?

⑪ 경과 조치가 필요한 사항이 아닌가?

⑫ 필요한 사항이 빠져 있지 않은가?

⑬ 과다한 경비 투입을 필요로 하는 사항이 아닌가?

⑭ 예산상의 조치가 필요한 것이 아닌가?

⑮ 경비를 좀 더 절약할 수 있는 다른 대안은 없는가?

5
표현 기법의 장단점

다음 내용을 숙지하고 보고서 유형에 맞게 적절하게 적용하면 좋은 보고서, 상사가 열광하는 보고서를 작성할 수 있을 것이다.

'문장 표현'은 개념적인 설명에 적합하다. 조목별로 간추려 쓰는 등 간결한 문장을 쓰면 내용을 정확하게 전할 수 있고, 여타의 표현기법을 보강한다. 단점은 문자나 열만으로는 임팩트가 적고, 이미지의 확대도 어렵다. 글자의 크기, 글씨체를 구별하여 표현하는 방법을 연구할 필요가 있다.

'이미지 표현(사진, 그림 등)'은 글자만으로는 표현할 수 없는 미묘한 뉘앙스를 전할 수 있다. 이미지 표현을 첨가하여 설명하면 현실감이 증가한다. 그러나 기획자의 주관, 좋아하는 것 등이 포함되기 쉬워 내용의 객관적인 전달에 적합하지 않다. 적절치 못한 사진, 그림 사용 시 자칫 인상을 훼손할 위험이 있다.

◇관련 사건을 첨가해 이해를 극대화했다.

'차트 표현'은 선, 도표 등을 사용하여 논리의 흐름을 명확하게 표현할 수 있다. 도해화로 복잡한 관계도 용이하게 이해시킨다. 차트, 그래프 등으로 시각화하면 내용을 한눈에 파악할 수 있는 데 이때 일반적으로 바탕화면은 백색을 기준으로 하되 차트와 그래프를 강조하기 위해 바탕색을 사용하기도 한다. 단점은 문자 스페이스가 좁고, 자수에 제약을 받기 때문에 표현이 딱딱하게 된다는 점이다. 정서적인 내용, 감각적인 정보를 전하는 것이 어렵다.

'데이터 사용'은 그래프, 표 등을 사용하여 수치를 시각적으로 제시하기 때문에 상대를 이해시키는 데 용이하다. 기획자의 분석 작업을 행하는 데에도 유효하다. 하지만 데이터에 익숙하지 않은 상대는 그 의미의 이해가 어려울 때가 있다는 단점이 있다.

문장 표현에 의한 설명, 요약을 반드시 첨부하는 것이 효과적이다. 표를 사용할 때는 전체 데이터를 참고자료(부록)로 제공하는 것이 바람직하다.

Case A. 현장사진 활용과 사업유치 성공 사례

Y시 재직 당시 중앙부처가 주관한 특구 지정 사업 프로젝트가 있었다. 특구로 지정되면 대규모의 예산 지원은 물론 도시환경과 주민들의 삶에 큰 변화가 있다. 그러나 3개 사업대상지를 선정하는 데 Y시를 포함 5개 시가 지원하여 2개 시군은 탈락하게 되는 상황이 되었다. 설상가상으로 우리 시는 4개 광역시와 경쟁해야 하는 위기에 놓였다.

"계란으로 바위 치기"라는 속담이 실감이 났다. 그러나 포기하지 않았다. 도전도 하지 않고 포기하기엔 너무 억울하다는 생각이 들었다. 15일간 거의 날밤을 새우며 약 987억 원 사업계획서 초안을 작성했다. 최종 의사결정자도 놀라워했다. 그러나 놀람이 문제가 아니었다. 사업계획서를 중앙부처에 상정하기까지는 많은 행정절차를 거쳐야 했고, 사업의 핵심만 간추려 경쟁력 있는 최종보고서를 작성해야 하는 과제가 있었다.

나는 중앙부처에 가서 사업계획 설명을 위한 최종보고서를 작성하면서 어떻게 하면 2개 시군을 물리치고 최종 사업대상지로 선정될 수 있을까 고민하며 온 정성을 쏟아 보고서 작성에 매진

했다. 그래서 보고서를 작성하고 수정하기를 반복하면서 바탕화면을 그냥 밋밋한 백색보다는 핵심 내용과 관련된 Y시 전경을 배경으로 사용했다. 사업계획서 심사위원이 중앙부처 관계자와 외부 심의위원들이라는 점을 착안하여 수도권에 거주한 심사위원들이 Y시에 방문해본 적이 없어 Y시에 대해 잘 모를 것이라는 생각을 했다. 심사위원들에게 Y시가 시골의 작은 도시가 아니라 발전 가능성이 높은 경쟁력이 있는 도시, 투자의 시너지 효과가 크게 나타날 수 있는 도시로 관심을 두도록 인식시켜야 한다는 점에서 착안하였다.

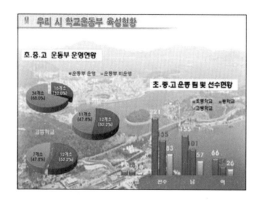

나아가 비교 데이터와 Y시의 변화 및 주변 여건 분석 등을 통해 경쟁력 있는 자료를 제시했다. 이러한 자료를 어떻게 보여주느냐, 보고서를 어떻게 작성하느냐가 매우 중요했다.

나의 예상이 적중했다. 심사 총평에서 보고서는 극찬을 받았고, 발전 가능성을 높이 평가하여 Y시가 최종 사업대상지로 선정되는 쾌거를 거두었다.

보고서의 바탕화면에 Y시를 배경으로 넣어 효과를 극대화한 성공 사례인데, 유의할 것이 하나 있다. 배경 쪽으로 너무 관심을 돌리게 되는 화려한 색상을 사용하면 안 된다는 점이다. 핵심 내용과 바탕배경 색상을 조화롭게 작성해야 한다. 내용과 관계없는 도안을 삽입하여 혼란스럽게 사용하지 않도록 주의해야 한다. 바탕화면을 사용할 때는 가급적 원색으로 전체 화면에 엷게 깔아두는 정도로 사용하되, 바탕배경도 보고에 영향을 주겠다고 판단되면 핵심 내용의 글자나 차트, 그래프 등의 색상을 조화롭게 사용해야 한다.

6
가장 쉬운 보고서 작성하기

✓ **표지**

표지는 보고서의 얼굴이다. 첫인상이 좋아야 한다. 표지부터 눈에 쏙 들어오도록 작성해야 한다. 그러기 위해서는 표지에 들어갈 구성 요소가 빠지지 않아야 한다. 「행정업무의 효율적 운영에 관한 규정 시행규칙」 '간이 기안문'의 표지의 구성 요소를 기준으로 작성한다. 여기서 표지란 보고서 본문의 맨 앞장에 있는 문서로, 보고서를 제출할 때 깔끔한 인상을 주기 위한 목적으로 작성하게 된다.

보고서 표지에는 보고서의 제목과 제출 일자, 작성자의 성명 등을 정확히 기재하도록 한다. 읽는 사람이 알아보기 쉽도록 글자체와 글자 크기 선택에 유의하며, 필요에 따라 보고서의 내용과 어울리는 이미지 등을 삽입한다.

◇표지만 봐도 추진배경과 어느 곳의 무슨 사업인지 한눈에 알 수 있도록 제목과 소제목을 설정하였다.
　·배경: 부시장 지시사항
　·장소: 종합사회복지관 경로식당
　·사업: 복지관 경로식당 기능보강 사업

✓ **제목과 소제목**

보고서에서 가장 먼저 보이는 것이 첫 장이다. 첫 장에는 보통 제목과 작성 기관(소속부서), 작성 날짜 등을 표시한다. 여기서 제목은 이 보고서가 좋은 보고서인지를 판단하는 가장 중요한 역할을 한다.

좋은 보고서는 보고 대상(고객)이 제목만 읽어도 전체 내용이나 목적, 기대효과, 보고 성격을 미리 짐작할 수 있어야 한다. 그러기 위해서 내용을 함축하는 단어를 추출하여 20자 이내로 작성한다. 상사가 보고서를 받았을 때 이 보고서는 어떤 내용을 담고 있겠다라고 추측할 수 있는 단어를 제목으로 뽑는 것이다. 가장 핵심이 되는 단어를 사용하여 보고자가 상사에게 보고하고자 하는 말을 한 줄로 표현했을 때의 말을 제목으로 선택한다. 보고 하려는 내용의 성격을 생각하면 가장 무난하고도 상사를 만족시키는 단어 혹은 말이 생각날 것이다. 그 단어를 선택하면 된다. 보고서의 제목은 의사결정자의 눈길을 사로잡아야 한다. 광고카피 같은 속성을 활용하는 방법도 좋다.

　보고서 제목을 잘 뽑는 요령이 있다. 제목만 보고도 전체 내용을 한눈에 알 수 있도록 핵심을 압축하여 작성하는 것이 중요하며, 너무 길어도 안 되고 너무 짧아도 안 된다. 압축적으로 작성한다.

　① 구체적으로 표현 ⇄ 최대한 좁히기 ⇄ 구체적인 단어를 사용해서 좀 더 눈에 띄게 하는 것이 좋다.

　세제 개편안 → 중산 서민층 조세부담 경감 세제 개편안

　도로개설 검토 보고 → 도로개설공사 설계변경 검토 보고

최대한 좁히거나 구체적인 단어를 사용하는 것이 좋다. 새롭게 고쳐본 제목이 훨씬 구체적이다. 제목에서 이미 보고서를 읽어야 할 포인트를 미리 잡고 가기 때문에 읽는 사람 입장에서 재빨리 내용 파악이 된다.

② 상황/결과보고서의 경우, 구체적 내용을 표기한다.

2007년 쌀 예상 생산량 조사 결과보고 → 2007년 쌀 예상 생산량 3.8% 감소

제목부터 현 상황을 바로 확인할 수 있도록 하고, 보고서의 내용에 반드시 이 문제에 대한 해결책까지 같이 담아야 한다. 해결책이 중심이 된 보고서라면 사업기획 보고서가 되어 해결책의 구체적 내용을 제목에 드러내는 게 맞겠지만, 상황이나 결과보고서에는 현 수치나 정황에 대한 보고를 구체적으로 보여주는 것이 좋다.

③ 핵심 키워드를 활용하고, 기획의 수요자 관점에서 제목을 뽑는다.

공공기관 채용방식 개선 추진계획 → 공공기관, 지역 인력 우

선 채용으로 개선

민원실 저녁 8시까지 야간 연장운영 → 직장인을 위해 저녁 8
시까지 여권 발급

이 사업을 진행하면 누구에게 무슨 혜택이 돌아가는지를 분명
히 해주면 사업 결정의 포인트를 정하는 데 훨씬 수월하다. 그리
고 이 사업을 왜 해야 하는지도 한눈에 밝힐 수가 있다.

④ 제목의 끝에는 '동작 성격' 단어를 기재하며 끝 단어는 띄어
쓴다.

어민들, 중국인 불법 어로행위 강력 단속 요망

⑤ 좋은 보고서는 제목만 봐도 무슨 내용인지 알 수 있도록 한
다. 다음 예처럼 제목만 봐도 보고자가 무슨 보고를 하려는지 알
수 있도록 제목을 적는다.

도로개설 공사 설계변경 검토보고

물놀이장 조성 공사 준공식 추진계획

도시계획 위원회 개최 결과보고

이제 보고서 제목을 만들기 위한 접근 방법에 대해 알아보자.

① 먼저, 단순한 동향보고 성격의 보고서(보고전)인지, 고질 민원접수 사항을 보고하는 보고서인지, 아니면 정책 결정을 위한 기획보고서인지, 상급기관에서 시달된 문서를 요약한 요약보고서인지, 시책 개발이나 제언 성격의 보고서인지, 타 기관, 타 시도와 비교분석의 자료 제공 차원의 보고서인지를 생각하라.

② 제목 글상자의 형식은 HY헤드라인M 16~22pt, 줄 간격 160%, 테두리 0.5㎜를 적용하라.

③ 요약박스에는 보고자가 무슨 보고를 하려는지 구체적으로 설명을 적되 요약박스 때문에 보고서가 한 장이 넘어간다면 삭제해도 무방하다

보고서 제목에 소제목을 붙여보자. 제목 작성에 있어 반드시 지켜야 할 것들이 있다.

① 소제목은 보통 사업개요, 검토내용, 검토의견처럼 네 글자를 맞춰서 적어주면 깔끔하기는 하지만 꼭 글자 수에 얽매일 필요는 없다.

② 구체적이되 20자를 넘지 않도록 하고, 쉽고 직관적이어야 한다. 명사나 명사형으로 끝내야 한다. 부제를 쓸 때 좀 더 카피적인 요소를 활용한다.

한미 FTA 궁금하십니까 — 비판과 쟁점, 외국 사례

③ 제목 끝에 '(안)'을 붙이는 것은 실행 여부가 아직 결정 나지 않은 상태이다.

○○○계획(안)

2022년도 세입 세출 예산(안)

④ 실행을 결정하고 검토 작업을 계속하는 과정에서 작성된 보고서는 '(안)'을 붙이지 않는다.

도로개설 준공검사 검토보고서

○○지역 지붕 개량 사업보고서

⑤ 보고서를 보는 사람이 '빅데이터 허브 사업'의 의미를 잘 아는 사람이라면 한 번에 보고서의 내용이 어떤 식으로 전개될 것인지를 알 수 있다. 하지만 빅 데이터 허브 사업의 의미를 잘 모

른다면? 보고서의 제목만 보고 내용을 유추하기는 쉽지 않다. 이때 소제목을 붙여 보고서 내용을 명확히 밝혀둔다.

이제는 보고서의 제목과 내용을 연결하자. 이 부분에서 많은 사람들이 혼선을 빚는다. 보고서가 퇴짜 맞는 이유 중 하나이기도 하다. 보고서의 제목과 내용을 연결하는 것을 쉽게 생각하지만 가장 많은 오류를 빚는다.

제목과 개요의 내용이 일치해야 하는데, 여기서 어떻게 깔끔하게 연결시켜 정리하느냐가 중요하다. 흔히 개요와 내용을 거의 동일시하여 그대로 정리하는 방식을 택한다.

처음부터 보고서를 잘 쓰는 사람은 없다. 보고 배움에 있어 관심이 있는 사람이 실력도 향상되는 법이다. 왜 보고서를 쓰는지, 누가 읽을 것인지, 내가 전달하고자 하는 내용이 무엇인지를 명확히 안다면 보고서 작성이 더 이상 어려운 일은 아닐 것이다. 좋은 스킬보다 좋은 내용이 먼저임을 명심하자.

✓ 개요

보고서의 개요 란을 만들어 보고 목적 및 필요성, 진행 경과, 행사 계획 등을 요약하는 것이 좋다. 개요는 보고서의 핵심 내용을 압축하거나 결론과 핵심 메시지를 전하는 것이다. 전체 내용을 요약하거나 보고서 작성의 배경과 목적, 경위 등을 서술할 수 있다. 간단한 문제 제기로 수요자의 관심을 유발할 수도 있다. 중요한 결론을 포함하는 것도 한 방법이다

보고받는 사람의 관심 유발 및 핵심 파악을 위하여 가장 중요하고 흥미 있는 내용(보고 작성의 목적·경위·대책 등 포함)을 요약하여 기술하는데 다음 세 가지 원칙을 유의하여 작성하도록 한다.

· 개요만으로도 핵심 내용이 파악될 수 있도록 결론과 핵심 메시지를 넣어야 한다.
· 제목에서 해결방안을 강조했다면, 개요에서는 현황이나 기대효과를 부각한다.
· 개요박스 내용은 5줄을 넘기지 않도록 압축을 해야 한다.

보고받는 사람이 전체 보고서의 취지나 핵심 내용을 간단히 파악할 수 있도록 보고서 작성의 목적, 경위 또는 배경 등을 간략하게 정리해야 한다. 보고서 작성 경위 및 취지, 과정 등을 간략히 서술하고자 하는 경우 제목상자 밑에 개요상자를 그리고 그

안에 표기하거나 생략할 수 있다.

개요 란은 중고딕 15pt, 문단 위 5pt, 문단 아래 0pt, 줄 간격 160%, 테두리 위쪽 0.5㎜를 적용하여 작성한다.

보고서 종류에 따라 적절하게 활용하면 된다. 어떠한 문제의식에서 비롯하여 정책을 기획하려고 하는지 등 보고의 목적이 분명히 기술되어야 하고, 해당 정책이 어떤 운영 방향, 전략과 연계되어 있는가, 이를 어떻게 실천하기 위한 것인가 등 목적 지향적인 설명이 요구된다.

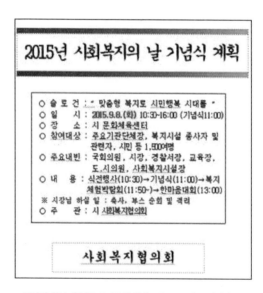

◇표지에 행사 개요를 적시하여 결재 또는 보고받은 사람이 표지만 봐도 무슨 내용인지 파악할 수 있게 했다

186

✓ 도입(생략 가능)

① 필요성

추진배경과 다소 중복될 수 있으므로 선택적으로 쓰인다(생략
가능하다). 문제나 과제로 대두되어 현시점에서 해결하지 않으면
안 되는 내외부적인 사항을 기재한다.

② 추진목적

당해 사업을 통해 궁극적으로 이루려고 하는 바람직한 상태이
다. 추진목적은 "국민 서비스 향상", "행정 생산성 제고" "국민의
편의성 제고", "행정의 간소화" 등 대체적인 용어를 적절히 활용
하여 중복을 피해야 한다.

③ 추진목표

추진목표는 추진목적과 중복될 수 있으므로 선택적으로 쓰인
다(생략 가능하다). 정해진 기간에(주로 1년) 달성하려는 바람직한
상태로서 추진목적보다는 한정적이다. 기대효과와 중복되기도
하며, 수치화하는 것이 바람직하다.

④ 검토배경

검토배경은 보고서를 왜 쓰는지에 대한 다양한 이유를 총망라
하여 표현한 곳이다. 한마디로 왜 이 사업을 하게 되었는지에 대

한 서술이다. 어떤 조건이 임박했기 때문에 이 사업을 한다고 말할 수도 있고, 이 사업의 근본적인 취지를 설명할 수도 있다. 이런 검토배경은 당해 사업을 착수하게 된 계기이므로 일반적으로 상급기관의 지시, 사업의 필요성, 현안의 문제화 지적 등이 검토배경이 된다. 혹은 관련 근거를 명기하기도 한다.

검토배경 란에는 보고서를 작성하는 이유, 필요성, 중요성 등을 기재하는데, 핵심이라고 생각되는 1~2개 정도의 보고서 작성 목적, 필요성 등을 언급하고, 제목에 대한 보충설명을 한다. 필요성, 추진목적 등과 중복 성격을 띠고 있어 생략하기도 한다. 보고서 유형에 따라 추진목적을 생략하고 검토배경을 사용하기도 한다. 그러므로 보고서의 성격을 잘 살리는 적합한 항목을 선택하여 사용하여야 한다.

✓ 본문

본문은 주제와 관련한 실태, 배경 및 현황, 문제점, 대책 검토 등을 사안별로 짜임새 있게 정리하는 부분이다. 보고서의 몸통에 해당하는 부분으로 제목과 개요에서 밝힌 내용을 구체적으로 실현할 수 있도록 추진계획을 부연 설명한다고 생각하면 된다.

현 실태 및 문제점, 과거 사례와 대안 분석, 소요 자원, 예상 효과 전망 등 필요한 내용을 작성하되, 중요도가 높은 사항을 먼저 기술한다. 주로 두괄식을 사용하고, 필요시 양괄식을 병행한다.

① 현황 및 문제점: 실태, 원인 분석, 지금까지의 대응 사례

보고서의 핵심이다. 보고서 작성의 이유는 대부분 과제의 해결 때문인데 과제를 잘 정의하고 문제의 원인이나 본질을 분석하고 해결방안과 개선안을 제시하는 것은 바로 보고서의 몸통이다. 현황-문제점-해결방안은 why-how-what으로 설명할 수 있다.

why-왜 이런 문제가 발생했을까?
how-어떻게 이 문제를 해결할까?
what-무엇을 실행할 것인가?

현황으로 볼 것인지, 문제점으로 볼 것인지를 결정해야 한다. 현황과 문제점이 뒤얽혀 있는 경우가 많다. 그럴듯한 정책보다는 4~5년차 이후에도 처음 실현하고자 했던 정책 가치가 이어질 수 있는지 고민해야 할 사항이다.

'현황'에는 추진 사항과 실태를 기재하고, '문제점'에는 검토내용과 발생 원인, 쟁점사항, 취재 내용 등을 기재하며, 개선 방안에는 검토의견, 향후 대책, 조치계획, 추진계획을 적시한다.

현황은 보고의 목적이 되는 사업이나 행사의 개요 또는 검토하게 된 배경을 적는다. 현황은 통계를 다루고, 내외부 환경 분석이 따라올 수 있다. 문제점은 스와트 분석SWOT이 좋은 틀로 활용된다. 해결방안은 일종의 전략지도다.

올바른 의사결정이 이뤄지기 위해서는 현재 상태에 대한 정확한 인식이 꼭 필요하므로 현황이 어떠한지, 객관적이고 구체적인 사실에 기초하여 다각적으로 기술한다.

현황과 실태를 기술한 후 이러한 상태가 발생하게 된 원인에 대해 단순히 문제점을 나열하는 수준이 아니라 근본적인 원인을 파악하고, 그 원인을 분석한 후 지금까지 동일한 사안이나 유사한 사안에 대한 정부나 기관단체, 회사가 대응한 사례를 제시한다.

'추진 사항', '그동안 추진 사항'은 공사든 행사든 지금까지 추진해온 내용을 날짜별로 정리한다. 보고서가 한 장이 넘어갈 것 같으면 삭제해도 무방하다. 다만, 보고에 꼭 필요한 추진사항 핵심내용이 있다면 핵심일정만 간추려 적는다. 휴먼명조 15~16pt, 문단 위 5pt, 문단 아래 0pt, 줄 간격 160%를 적용하는데, 가장 비중 있는 사안을 앞에 부각시키고, 중요하지 않은 사안은 뒤쪽에 배열한다. 특히 본문을 작성할 때는 문단 길이는 가급적 한 문장이 2~3줄을 넘지 않도록 유의한다.

크게 이 사업을 하게 된 배경과 보고서의 핵심이라고 하는 현황, 문제점, 해결방안에 대한 제시가 있고, 마지막으로 이를 통해 얻게 되는 효과를 표현하는 결론이 뒤따라온다.

개요에서 보고 경위를 작성할 때 누가, 언제, 무엇을, 어떻게 부분만 작성했다면 본문에서는 무엇을, 왜, 어떻게를 기술한다.

② 추진계획

보고서의 주요 내용으로서 문제를 해결하기 위해 무엇을what 해야 하는지에 대한 답을 적어야 한다. 해결방안, 그리고 이를 뒷받침할 수 있는 구체적인 자료와 작성자의 의견도 함께 작성한다. 성과를 달성하기 위하여 추진해나가야 하는 구체적인 일What 과 전략How을 포함하는 것이다.

소제목 항목 하나에 자세한 설명 항목 1~2개로 표현되는 것이 좋으며, 소제목 항목은 2개 이상 5개 이하가 적절하다. 주된 내용은 보고서의 목적에 따라 당연히 그 내용도 달라진다.

설계 변경을 보고하는 경우에는 검토 내용이 들어가야 하고, 행사 계획은 그 행사의 세부 일정이, 언론보도 취재에 대한 동향 보고는 취재 내용에 대해서 적는다. 업무를 하다가 문제가 발생하여 그 문제점이 주요 내용이 되는 보고를 해야 하는 경우에 대책 없이 문제점만 적은 보고서를 가져갈 때도 있다. 이렇게 되면 결재하는 입장에서 "문제는 알겠는데, 그래서 뭐 어쩌라고?" 하는 반응이 나올 수 있으므로 문제점이 나오면 반드시 그에 대한 대책이나 조치계획이 뒤따라야 한다.

③ 추진일정

보고서의 주요 내용으로서 추진계획에 포함하여 작성하기도 한다. 주어진 기간에 준비부터 완결까지의 전 과정을 시간 계획으로 표현하는 것이다. 장기적인 사업은 추진일정을 반기별로 표현하는 것이 좋다. 단기사업은 월별로 표현하되, 1년간을 고르게 배분하여 활용하는 것이 좋다.

✓ 문제점과 개선 방안

'문제점'에는 문제점을, '개선 방안'에는 구체적인 개선 방안을 충실히 제시해야 한다. 보고서의 핵심에는 문제 발생에 대한 경위와 문제 현상이 서두에 있어야 하고, 문제점에 대한 원인이 뒤따라야 한다. 원인 분석에 대한 근거가 있다면 추가하는 것이 좋다. 해당 원인이 제대로 된 분석임을 설명해야 하기 때문이다. 마지막으로 대책이 추가되어야 한다. 요약하면, 문제점에 대한 현상, 원인, 대책 세 가지는 반드시 있어야 한다.

보고서는 상사를 이해시켜 설득하는 주요 도구이다. 그러기 위해서는 나타난 문제에 대하여 현상과 원인, 대책까지 근거를 제시하여 설명되도록 해야 한다. 구체적인 데이터가 있다면 좋다. 보고서만으로도 별도의 설명이 필요하지 않게 표현이 된다면 더할 나위 없다.

✓ 결론 및 마무리 확인하기

① 결론 및 대안 제시, 건의사항, 향후 조치사항 등을 기술하며, 필요시 참고자료를 첨부한다. 결론은 실천 가능한 것을 구체적

으로 제시해야 한다. 보고서 자체를 홍보자료라 생각하고 작성하는 습관을 지녀야 한다.

결론 부분에는 평가·대책·대응방안·조치 의견·고려사항 등을 다양하게 기술하여 의견과 결정에 도움이 되어야 한다. 수요자에게 행동 대책을 제시하는 경우가 대부분이므로 미사여구보다 객관적인 평가 및 실현 가능한 세부적인 대안 제시가 중요하다.

결론은 본론에서 이야기한 내용을 요약하고 건의사항 등을 제시하는 부분이기도 하다. 문제 해결 방안을 어떻게 실행할 것인지에 대한 결론은 실천할 수 있고 구체성 있는 제안을 하여 수요자가 실제 활용할 수 있도록 해야 한다. 행정적으로 향후 조치해야 할 내용을 달기도 한다.

정책 결정권자가 어떠한 의사결정을 원하는지, 무엇을 조정해 주기를 원하는지를 명확히 서술한다. 의사결정권자의 결제를 이끌어내기 위해 사업의 결과를 예측하고, 사업 실행을 위한 추진 주체, 예산, 일정, 역할 분담, 규정, 장애 요인과 극복 방안 등을 제시한다.

보고서가 기본 형식을 갖추어 작성되었으면 결론과 마무리를 잘하여 완성도를 높이도록 한다. 보고서는 설명도 중요하지만 도표, 그래프, 이미지(그림, 사진) 등을 중요한 부분에 삽입하여 시각적 또는 입체적인 효과를 내는 것도 매우 중요하다. 중요하고 핵심이 되는 부분은 진하게 하거나 밑줄을 치거나 글씨 모양을 바꾸거나 색깔을 달리하는 등 다양한 방법으로 두드러지게 표현하고, 통계 숫자 등 객관적인 자료data는 설명과 함께 활용한다.

내가 쓴 보고서를 독자가 읽을 때 음악적 리듬에 따라 머리와 어깨를 움직이도록 작성한다.

② 검토의견

담당자의 검토의견과 앞으로 어떻게 하겠다는 향후 계획이 들어가야 한다. 업무를 하다가 보고해야 하는 상황이 생기면 이런 기본 틀을 가지고 목적에 맞게 보고서를 작성하면 되는데, 보고서를 보는 사람이 무엇이 궁금하고 또 무엇을 원하는지가 가장 중요하기 때문에 정해진 틀을 고집하는 것보다 유동적으로 목차를 재구성해서 작성하는 것이 좋다.

③ 기대효과 또는 향후 계획

기대효과는 당해 사업을 통해 고객, 행정 환경 등에 줄 수 있는 영향의 예상을 표현하는 것이다. 말하자면, 의사결정자가 최종 의사결정을 좀 더 쉽게 할 수 있도록 해당 사업이 잘 되었을 때의 결과를 예측하는 것이다. 크게 정량적, 정성적으로 기대효과를 표현할 수 있다.

다만 앞의 추진목적과는 혼동되기 쉬우므로 기대효과의 항목을 사용할 때는 가급적 "추진목표"라는 항목을 쓰는 것이 바람직하다. 혹자는 추진목표와 기대효과를 동시에 소제목으로 가져가기도 한다. 이 경우에도 추진목표에서 표현된 내용을 거의 그대로 기대효과에 옮겨 놓는 것은 보고서의 질을 떨어뜨리는 요인이 된다는 점에 유의해야 한다.

④ 마무리 확인하기

보고서를 완벽히 작성하였다고 했을 때 출력하기 전에 반드시 다음 사항을 체크해줄 것을 권고한다.

보고서를 작성하고 나서 기본적인 구성의 틀과 목적, 취지와 핵심 내용을 잘 어우러지게 작성하였다고 해도 상사에게 가면 뭔지 모를 하나씩 꼭 빠트린 것을 발견하게 된다. 나는 보고서를 출력하기 전 마무리 단계로 다음 사항을 확인하는 것을 습관화하고 있다.

· 보고할 내용에 대해 상사와 충분한 커뮤니케이션을 하였는가?
· 혹시 상사와 대화하는 것을 두려워하고 있지 않은가?
· 처음부터 지시사항을 정확히 파악하고 작성하였는가?
· 지시받을 때 대충 받아 적어 모호한 기억으로 작성하였는가? 혹은 지시한 내용과 동떨어진 내용을 작성한 건 아닌가?

- 보고서 작성을 왜 지시했는지 상사의 의중을 정확히 파악하고 있는가?
- 문제의 본질을 정확히 파악하고 작성했는가?
- 혹시 주관적인 판단으로 지레짐작으로 작성한 건 아닌가?
- 상사는 새로운 아이디어를 좋아한다. 발전 방안 등을 좀 더 생산적이고 혁신적으로 발굴했는가?
- 자료는 정확한 데이터나 통계치를 기준으로 최신 정보를 적용했는가?
- 경쟁이 되는 비교자료와 대비하여 차별화한 경쟁력 있는 내용을 포함하고 있는가?
- 내용이 짧고 간단명료하게, 이해하기 쉽고 명확하게 작성되었는가?
- 오탈자나 띄어쓰기는 잘 되었는가?
- 혹시 격한 표현을 한 부분은 없는가?

점검이 끝나면 이면지에 출력한 후 상사 앞에서 보고하듯 소리 내어 읽어본다. 이때 조금이라도 매끄럽지 못하다고 느끼거나, 쓰고자 하는 내용이 빠졌거나, 불필요한 내용이 있거나, 중복되어 오히려 흐름을 저해하는 단어가 있을 때는 과감히 삭제하고, 보완하고, 수정한다.

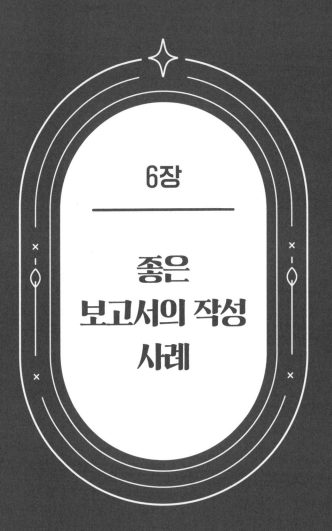

6장

좋은
보고서의 작성
사례

1 ✏️

정책 기획보고서

정책보고서는 기관단체 및 회사의 정책과 관련한 상황과 문제점을 정확하게 인식하고 의사결정을 할 수 있도록 관련 현황과 원인, 문제점과 대책, 지속가능한 효과 증진을 위한 참고사항 등을 제시한 보고서이다. 바라는 사항 등이 명확히 제시되어야 한다.

✓ 정책보고서 구성 틀

상황에 따라 선택해서 사용한다.

제목-개요(보고 취지)-검토배경(목적)-현황 및 문제점-개선
방안(대책, 추진계획)-추진 일정(향후 계획)-(기대효과, 조치
사항, 건의 및 제안)

개발 계획	계속 추진사업 계획	진단/분석 계획	운영 계획
Ⅰ. 현황	Ⅰ. 현황	Ⅰ. 진단 개요	Ⅰ. 운영 개요
Ⅱ. 개발 방향과 전략	Ⅱ. 성과와 반성	Ⅱ. 현황 진단(분석)	Ⅱ. 운영목적과 방향
1. 개발 방향	Ⅲ. ○년 사업계획	Ⅲ. 개선 방안	Ⅲ. 세부계획
2. 전략	Ⅳ. 추진일정	Ⅳ. 향후 계획	1. 운영 내용
Ⅲ. 세부계획	Ⅴ. 기대효과		2. 운영 일정
Ⅳ. 기대효과			Ⅳ. 평가 계획
Ⅴ. 활용 계획			Ⅴ. 행정 사항

✓ 정책보고서 작성 일반 원칙

① 정책 결정권자의 관점에서 알아야 할 핵심사항 중심으로 작
성한다. 보고자는 자신이 알고 있는 정보를 장황하게 나열하지
말고, 정책 결정권자가 한 번에 이해할 수 있도록 보고의 요지를
명확하게 작성하여야 한다.

② 다양한 관점을 반영하여 분석적·종합적으로 작성한다. 정
책보고서는 특정 이해집단, 특정 관점이 아닌 전체적 입장에서
각각의 내용을 분석하여 이를 종합적으로 균형 있게 작성한다.

③ 문제에 대한 근원적 해결방안을 제시한다. 문제의 일차적
원인만 찾아서는 미흡하고, 원인의 원인을 찾아 문제의 핵심을
파악하여 실효성 있는 해결방안을 제시해야 하는 게 보고서 작

성의 주요 목적이다.

④ 정책 결정권자가 조치해야 할 일을 분명히 기술한다. 그래서 내가 무엇을 해야 하는가라는 의문이 생기지 않도록 정책 결정권자가 조치해야 할 일들, 고객이 요구하는 바라는 사항 등을 명확히 제시한다.

정책보고서 작성의 예시

○○ 정책 기본 계획 보고

보고 취지 및 개요(생략 가능)

□ 보고 개요
  ○ 보고 목적 및 취지
    - ○○○○
  ○ 진행 경과
    - ○○○○

■ 보고 목적(정책의 계화의 이유)은 명확한가?
■ 추진배경이 서술되어 있는가?
■ 그간의 진행경과가 잘 정리되었는가?

□ 현황과 문제점
  ○ 실태
    - ○○○○
  ○ 원인분석
  ○ 지금까지의 대응사례

■ 문제의 현황과 실태는 어떠한가?
■ 문제의 원인은 무엇인가?
■ 지금까지 정부는 어떻게 대응해 왔는가?
■ 국내외 유사사례 등 참고자료는 제시되었는가?

□ 정책수단과 대안
  ○ 정책의 대상과 소요자원
  ○ 정책 대안
    - ○○○○
  ○ 예상효과
    - ○○○○

■ 명확한 정책 대상(고객, 자원)이 결정되었는가?
■ 문제를 해결하기 위한 정책대안이 제시되었는가?
■ 주요 쟁점사항이 정리가 잘 되었는가?
■ 정책을 통해 기대되는 효과가 제시되었는가?

□ 추진계획
  ○ 정책 집행 계획
    - ○○○○
  ○ 정책홍보 관리계획
  ○ 정책품질 관리계획

■ 인적 물적 자원 활용 계획은 포함되었는가?
■ 향후 추진 전략과 추진 일정표가 제시되었는가?
■ 정책 홍보 계획과 방법이 제시되었는가?
■ 정책 점검과 평가계획 등 정책 품질관리 방법이 제시되었는가?

□ 건의 및 제안
    - ○○○○

■ 수요자에게 건의 또는 제안하고 싶은 사항이 있었는가?

2 ✏

검토보고서

검토보고서는 보고 개요와 현황, 문제점, 대안과 방법, 추진계획, 건의 및 제안 등을 각 항목에 따라 제시한다. 제도, 계획을 시행하기 전 시행착오를 줄이기 위해 원 결재를 하기에 앞서 검토보고서를 작성하여 사전 시행할 계획을 상사와 조율하는 과정에 활용한다.

검토보고서 구성 틀

기본 구성	건의사항 검토보고	제도 개선 검토보고	언론보도 검토보고
I. 검토배경	I. 건의사항 개요	I. 현황과 문제점	I. 보도 요지
II. ○○ 현황	II. 검토의견	II. 관계 기관 의견	II. 사실 확인 결과
III. 검토의견	III. 향후 조치계획	III. 검토의견	III. 검토의견
IV. 향후 조치계획		IV. 향후 조치계획	IV. 향후 조치계획

검토보고서 작성의 예시

■ 검토 보고서의 구성 틀 및 작성법(요약)

○○ 정책에 대한 검토 보고

□ 보고 개요
  ○ 보고 목적은 명확한가?
  ○ 그동안 진행 경과가 잘 정리되어 있는가?

□ 현황과 문제점
  ○ 제기되고 있는 문제점과 실태는 무엇인가?
  ○ 쟁점화 되고 있는 사항이 무엇인가?

□ 대안 및 방법
  ○ 쟁점 해결을 위한 대안이 제시되었는가?
  ○ 각 대안의 장점, 단점은 분석되었는가?
  ○ 대안의 선택 시 제기될 수 있는 효과가 제시되었는가?

□ 추진 계획
  ○ 향후 추진일정 또는 계획이 제시되었는가?

□ 건의 및 제안
  건의 또는 제안 사항이 포함되었는가?

보고서 제목 [HY헤드라인 M, 20~22p, 테두리선 0.3mm]

중고딕, 15p 보통, 굵상자선 한 줄 테두리(위·아래)
(본문에 보고의 목적 포함 여부 등의 유형별 제시 시 본 굵상자선 생략 가능)

I 검토배경 (17~18p, 휴먼엣조, 진하게)
  ○ 검토배경 (15~16p, 휴먼엣조, 보통)
  ○ 주요 검토과제

II ○○현황
  ○

III 과제별 검토의견
  ○ 검토대상과제 1에 대한 의견
  ○ 검토대상과제 2에 대한 의견

IV 향후 조치계획

〈참고자료〉

3
상황·동향·건의보고서

　상황·정보보고서는 특정 사안에 대한 구체적인 사실관계나 현황, 또는 이를 체계적으로 분석한 정보를 담은 보고서이다.

✓ 상황·동향·건의보고서 구성 틀

　제목-개요-추진배경-추진상황(주요 상황)~시사점-(조치사항)

　제목-보고 목적(취지)-보고배경-현 상황(최근 동향) 및 전망-대응방안(조치계획)

　제목-검토배경-○○현황-과제별 검토의견-시사점-향후조치계획 등

상황·동향보고서	건의보고서		
기본 구성	제1안	제2안	제3안
Ⅰ. 보고배경 Ⅱ. 상황(동향) 및 전망 Ⅲ. 대응방안 Ⅳ. 향후 조치계획	Ⅰ. 사업내용 Ⅱ. 문제점 Ⅲ. 건의사항	Ⅰ. 사업내용 Ⅱ. 문제점 Ⅲ. 건의사항 Ⅳ. 해결방안	Ⅰ. 사업내용 Ⅱ. 문제점 Ⅲ. 건의사항 Ⅳ. 해결방안 Ⅴ. 세부계획

상황·동향·건의보고서 작성의 예시

○○ 상황보고 〔08:00 현재〕	■ 제목이 전반적 내용을 포괄하고 있으며 간결, 명료한가? ■ 본문에 언급되지 않은 내용을 담고 있지 않은가?
도입부문 (가장 중요한 내용 요약)	■ 가장 중요하고 흥미 있는 내용을 요약하여 기술했는가? ■ 육하원칙에 따라 작성했는가?
□ 【본문】 ○ 실태 ○ 현황과 문제점 ○ 예상 동향 ○ 관련 상황	■ 중요한 사안을 앞에 배열했는가? ■ 전체적으로 통일성과 논리적 일관성을 유지했는가? ■ 최대한 객관적이고 정확한 문장을 사용했는가? ■ 능동형과 구어체를 쓰고 품위 있게 표현했는가? ■ 한 문장이 가급적 2~3줄을 넘지 않도록 작성했는가?
□ 【결론】 ○ 평가 ○ 대책 및 대응방안 ○ 조치 의견 ○ 고려사항	■ 객관적 평가와 실현 가능한 대안을 제시했는가?

[전반적인 점검 사항]
■ 수요자의 요구에 맞는 적시성 있고 충실한 보고인가?
■ 전체보다는 자신과 소속부서 시각으로만 보지 않았는가?
■ 문제해결을 위한 창의적 보편적 방안이 제시되었는가?
■ 오탈자나 문법 등에 잘못은 없는가?
■ 전문 특수 용어가 설명 없이 사용되지는 않았는가?

■ 정보 보고서의 생명인 정확성을 유지하고 있는가?
■ 관련부서 의견을 과장이나 왜곡 없이 반영했는가?
■ 더 효과적인 사진, 그래프, 통계자료는 있는가?
 ■ 인명, 지명, 숫자, 단위 등에 착오가 없는가?

---

4 ——— ✎
행사보고서

 정부와 단체, 기업 등에서 개최되는 각종 행사를 기획하고 준비하고 진행하는 데 필요한 보고서가 행사보고서이며, 행사기획 보고서와 행사진행 보고서로 구분하여 작성된다.

✓ 행사보고서 구성 틀

행사보고서(기관장 보고용)

제목, 행사 목적(취지), 행사 개요, 시간 계획, 기관장 하실 일

 ※참고자료: 기관장 동선, 행동 계획, 말씀 자료 등

제목-검토배경(지시사항 등)~목적, 추진방향-사전준비사항-행사 계획(행사 개요, 시간 계획, 기대효과)~추진방법 검토(필요 없을 땐 삭제)

행사보고서(일반 보고용)

제목-개요-추진배경-안건(내용)──(조치사항)

제목, 보고의 목적(취지), 행사 개요, 시간 계획, 준비 계획, 행정 사항

 ※참고자료: 기관장 동선, 행동 계획, 좌석 배치도, 행사 진행 시나리오, 사회자 시나리오 등

행사보고서 작성의 예시

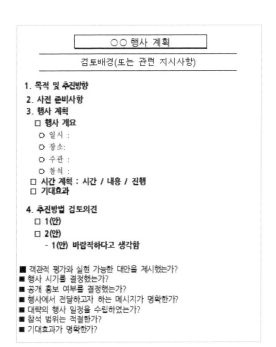

✓ **행사보고서 작성 일반 원칙**

① 콘셉트, 진행상황에 따라 행사 종류별로 준비할 사항이 다르므로 행사를 주관하는 행사 주최 측을 위한 맞춤형 보고서를 작성하는 것이 가장 일반적이고 바람직하다. 행사 주재자가 행사 전체에 대한 윤곽을 이해, 파악 가능토록 작성한다.

② 행사보고서는 행사를 기획한 의도가 주목받도록 작성하면 된다. 행사 개요와 함께 논의 자료, 쟁점사항, 토론 참석자에 대한 정보가 가장 핵심으로 주최 측에 대한 상세한 소개, 행사장에 대한 설명 등은 큰 도움이 안 된다.

5 ✏

회의보고서

회의보고서(기관장 보고용)

제목, 회의 목적(취지), 회의 개요, 시간 계획, 기관장 하실 일

  ※참고자료: 기관장 동선, 행동 계획, 말씀 자료 등

제목−검토배경(지시사항 등)~목적, 추진방향−사전 준비사항−행사 계획(행사 개요, 시간 계획, 기대효과)~추진방법 검토(필요 없을 땐 삭제)

회의보고서(일반 보고용)

제목-(회의) 개요-추진배경-회의 안건(회의 내용)—(조치

사항)

제목, 보고 목적(취지), 회의 개요, 시간 계획, 준비 계획, 행정

사항

 ※참고자료: 기관장 동선, 행동 계획, 좌석 배치도, 행사 진행

시나리오, 사회자 시나리오 등

✓ 회의보고서 작성 방법

회의자료 보고서는 회의를 하는 목적에 따라 정보공유, 의견수렴, 의사결정 회의자료로 활용된다.

정보공유 회의자료는 정보공유 목적과 배경, 전달하고자 하는 내용, 향후 활용 방안, 유의사항 등이 포함된다.

의견수렴 회의자료는 브레인스토밍 회의목적, 배경, 참고자료 등을 제공한다.

결정 전 의견수렴은 논의현황, 쟁점사항과 논거, 논의 목록, 참고자료 등을 작성한다.

의사결정 회의자료는 결정 대상이 되는 쟁점사항과 논거를 명확히 하고, 이해 당사자의 입장, 향후 계획 등을 정리한다.

```
┌─────────────────────────────────────────┐
│            ┌──────────────┐              │
│            │ ○○ 회의 자료 │              │
│            └──────────────┘              │
│           ─────────────────              │
│            (회의하게 된 경위)            │
│                                          │
│                                          │
│  □ 회의 목적[배경]                       │
│   ○ 회의 목적                            │
│   ○ 회의 개최 배경 등                    │
│                                          │
│  □ 회의 안건 설명                        │
│                                          │
└─────────────────────────────────────────┘
```

✓ 회의보고서 작성 일반 원칙

회의보고서는 기본적으로 정책보고서와 차이가 없으나, 회의 행사용으로 별도 준비할 경우 개최하는 회의 특성을 잘 반영하여 작성한다.

참석자들에게 회의를 통해 얻고자 하는 효과를 분명히 적시하여야 하고, 시간 제약이 있으므로 본문과 참고자료를 구분하여 적절하게 활용하여 작성한다. 여러 참석자의 평균적인 이해 수준에 맞추어 작성하는 것도 기본적인 자세이다.

6

회의 결과보고서

회의 내용 전체를 기록하기보다는 주요 쟁점사항 위주로 논리 정연하게, 대개 발언 순서나 진행 순서대로 결과물로 작성한다. 이는 붙임문서, 즉 회의록으로 분류하는 것이 바람직하고, 회의 결과보고서는 말 그대로 회의한 결과를 주제별로 핵심적으로 논의한 결과 및 쟁점사항만을 정리하는 것이 바람직하다.

제목-개요-추진배경-추진상황-현황-문제점-추진결과-기대효과-(조치사항)
제목, 보고 목적(취지), ○○개요, ○○결과 분석, 주요성과 및 시사점, 향후 조치계획

✓ 회의 결과보고서 작성법
회의 결과보고서에는 회의 개요와 회의 결과, 붙임문서를 구분 정리하여 작성한다.

회의 개요에는 목적, 일시와 장소, 주요 안건, 참석자, 의결 정족수 인원을, 회의 결과에는 회의 결과 요약, 발언 요지, 협의 안건, 향후 대책, 건의사항 등을, 붙임문서에는 상세한 회의록(녹취록), 참석자 서명날인명부, 사진대장, 회의자료 등을 적는다.

┌─────────────────────────────┐
│   ○○ 회의 결과   │
└─────────────────────────────┘

Ⅰ. 회의 개요
　○ 목적 또는 개최 배경 :
　○ 일시 및 장소 :
　○ 안건 :
　○ 참석자 :

- 회의 개최 목적 또는 배경은 명확한가?
- 일시 및 장소는 정확한가?
- 회의 안건은 명확한가? (※ 안건 제목 등 표시)
- 회의 참석자는 정확한가? (※ 회의 주재자 표시)

Ⅱ. 회의 결과
1. 안건 명
　☐ 논의요지 또는 결정 사항
　　요약/정리
　☐ 참석자 주요 의견
　　○ (통일부 장관)
　　※조치 필요사항
2. 안건 명
　※ 따로 붙임: 1. 회의자료
　　　　　　　2. 상세한 방언 요지(필요시)

- 안건별로 결과를 정리하였는가?
- 안건 내용을 간단하게 정리하였는가?
- 논의사항 요지 또는 결정사항을 요약하여 정리하였는가?
- 이견이 있는 경우 이를 명시하였는가?
- 조치가 필요한 사항은 명시하였는가?
- (정책 결정권자 불참 회의의 경우) 개별보고 안건과 요약보고 안건을 구분하여 작성하였는가?

[전반적인 점검 사항]
- 회의자료는 첨부하였는가?
- 상세한 발언록은 정리하였는가? (※ 쟁점이 있는 경우)
- 전체적인 작성 방법은 준수하였는가? (※ 발언자 표시 요령 등)

✓ 회의보고서 작성 일반 원칙

　회의 결과보고서는 회의 참석자들 간에 논의된 결과를 명확히 정리하여 이를 공유하거나 회의에 참석하지 않은 사람들에게 알려주기 위해 작성하는 것이다. 또한, 회의 중에 논의된 안건이나 분위기, 제안 건의사항 등을 분석하여 향후 대책을 마련하기 위해 정책보고서 성격을 띤다.

　회의 결과보고서는 녹취록이 아니다. 혹자는 녹취된 내용을 그대로 베껴 결과보고서라고 결재를 올리기도 하는데, 녹취록은 붙임문서로 분류하는 것이 적합하다.

7 ——✒

요약보고서

최종 점검을 했으면 이제 마지막으로 보고서 전체 내용을 요약 정리한다.

보고서의 요약은 시간을 절약해주고 요점을 쉽게 파악하게 해준다. 또한 정책 결정을 위한 의사결정에 매우 중요한 역할을 하기 때문에 많은 분량의 내용을 보고서 한 장에 담는 작업은 부단한 노력이 요구된다.

요약보고서의 제목은 읽기만 해도 전체 내용을 파악할 수 있는 대표성 있는 문구로 선정한다. 또한 정책 결정을 신속하게 내릴 수 있도록 보고의 목적을 분명히 하고, 내용 전개에 중요도와 우선순위를 고려한다.

보고서의 종류에 따라 문제점과 대책 등 필수 항목이 빠지지 않도록 한다. 가장 중요한 사항, 즉 주제어(키워드)를 추출하여 작성하고, 단락을 나누고, 표제어를 붙인다.

요약보고서는 원칙적으로 설명 부분은 생략한다. 질문 사항과 궁금증이 없도록 논리성 및 객관성을 유지한다. 결재권자가 선호하는 용어를 사용하는 것도 중요하다.

요약보고서를 쉽게 작성하는 법을 소개하면 다음과 같다.

① 원안 보고서를 PC에서 1부 복사하여 파일명 "요약본"으로 저장한다.

② 다운로드한 "요약분" 파일을 열어서 꼭 필요한 항목을 제외한 부분은 삭제한다.

③ 중요 부분만 남아 있는 항목으로 보기 좋고 간결하게 재편집한다.

④ 요약분은 1~2장 이내로 작성한다. 추가로 참고할 사항은 항목 하단에 본문보다 작은 포인트나 글씨체를 달리하여 표기한다.

⑤ 작성된 요약본은 2부 출력하여 1부는 상사에게 제공하고, 1부는 원안 표지 앞면에 철하여 요약분으로 활용하면 매우 훌륭한 보고서가 만들어진다.

⑥ 원문을 단지 일정한 비율로 축소해서는 안 된다. 자기 생각이나 감정을 개입해서도 안 된다.

이렇게 훌륭한 보고서가 2~3분 내로 2건(원안, 요약) 작성되어 상사를 만족하게 한다. 아주 간단하다.

| 원 보고서 | → | 각 항목 삭제 | → | 수정한 요약보고서 |

원 보고서	각 항목 삭제	수정한 요약보고서
Ⅰ. 추진배경	Ⅰ. 추진배경	□
Ⅱ. 추진방향	Ⅱ. 추진방향	○
Ⅲ. 세부 추진계획	Ⅲ. 세부 추진계획	-(a, b, c, d, e)
1	1	○
가.	가.○	-(a→b→c→d→e)
①, ②, ③, ④, ⑤	-①a, ②b, ③c, ④d,	□
나.	⑤e	○
○, ○	나.	-
다.	○, ○	○
①→②→③→④→⑤	다.	-(a, b)
→⑥	-①a→②b→③c→④	□
2	d→⑤e→⑥f	○
가. ○	2	-(a)
나. ○, ○	가. ○	○
3	나. ○	-(a, b)
가. ○	-○a, ○b	
나. ○, ○	3	
Ⅳ. 추진일정	가. ○	
	-○a	
	나. ○	
	-○a, ○b	
	Ⅳ. 추진일정	

상사가 열광하는
마법의 보고서

1판 1쇄 찍음 2022년 10월 13일
1판 1쇄 펴냄 2022년 10월 20일

지은이 조수현
펴낸이 조윤규
편집 민기범
디자인 홍민지

펴낸곳 (주)프롬북스
등록 제313-2007-000021호
주소 (07788) 서울특별시 강서구 마곡중앙로 161-17 보타닉파크타워1 612호
전화 영업부 02-3661-7283 / 기획편집부 02-3661-7284 | 팩스 02-3661-7285
이메일 frombooks7@naver.com

ISBN 979-11-88167-68-5 (03320)